ENTARTET?

KUNST UND MUSIK IN DER ZEIT DES NATIONALSOZIALISMUS

Erika Kern
Helmuth Kern
Volker Mall

Ernst Klett Schulbuchverlag Leipzig
Leipzig Stuttgart Düsseldorf

Arbeitsheft für den fächerverbindenden Unterricht an allgemeinbildenden Schulen
ab Kl. 10

Zum Arbeitsheft „Entartet?“ gehört die Compact Disc 207032.
Dieses Symbol verweist auf das jeweilige Hörbeispiel.

Zitate sind in Kursivschrift ausgezeichnet.
Quellentexte und Gedichte sind in dieser Schrift gesetzt.

Umschlag:
Titelseite des Ausstellungsführers „Entartete Kunst“, 1937 (Unter Verwendung der Gips-Skulptur von Otto Freundlich: Der neue Mensch, 1912)
Titelseite von „Entartete Musik“, hrsg. von Hans Severus Ziegler, 1938
Foto vom Nürnberger Parteitag 1935

Gedruckt auf Papier aus chlorfrei gebleichtem Zellstoff, säurefrei.

1. Auflage 1 6 5 4 | 2003 2002

Alle Drucke dieser Auflage können im Unterricht nebeneinander benutzt werden, sie sind untereinander unverändert. Dieses Werk folgt der reformierten Rechtschreibung und Zeichensetzung. Die letzte Zahl bezeichnet das Jahr dieses Druckes.

Internetadresse: http://www.klett-verlag.de

Redaktion: Sibylle Miller
Umschlaggestaltung: Neil McBeath, Kornwestheim
Notensatz: Norbert Gertsch, Eppelheim

Repro: Malte Behrndt, Stuttgart
Druck: SCHNITZER DRUCK GmbH, Korb
ISBN 3-12-207030-8

Inhalt

ursonate

einleitung:

Fümms bö wö tää zää Uu, 1
pögiff,
kwii Ee.

Oooooooooooooooooooooooooooooooooo, 6

dll rrrrrr beeeee bö, (A) 5
dll rrrrrr beeeee bö fümms bö,
rrrrrr beeeee bö fümms bö wö,
beeeee bö fümms bö wö tää,
bö fümms bö wö tää zää,
fümms bö wö tää zää Uu:

erster teil:

thema 1:
Fümms bö wö tää zää Uu, 1
pögiff,
kwii Ee.

thema 2:
Dedesnn nn rrrrrr, 2
Ii Ee,
mpiff tillff too,
tillll,
Jüü Kaa? *(gesungen)*

thema 3:
Rinnzekete bee bee nnz krr müü? 3
ziiuu ennze, ziiuu rinnzkrrmüü,

rakete bee bee. 3a

thema 4:
Rrummpff tillff toooo? 4

1

4.1 Ausschnitt aus: Ursonate, von Kurt Schwitters, 1921-32

1

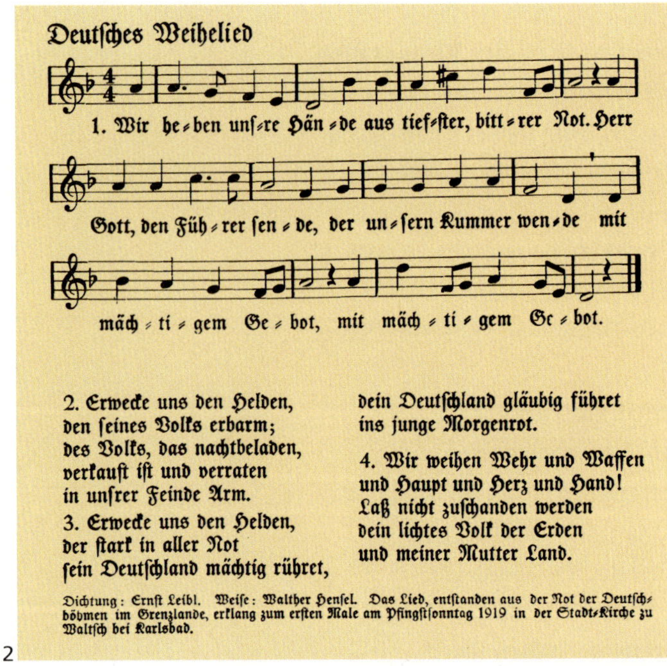

2

4.2 Deutsches Weihelied

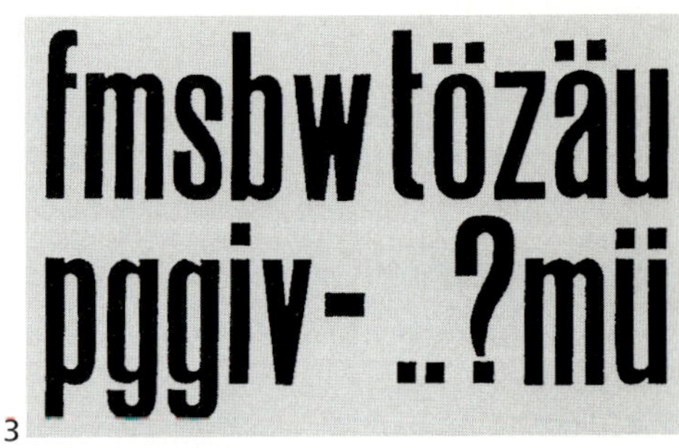

3

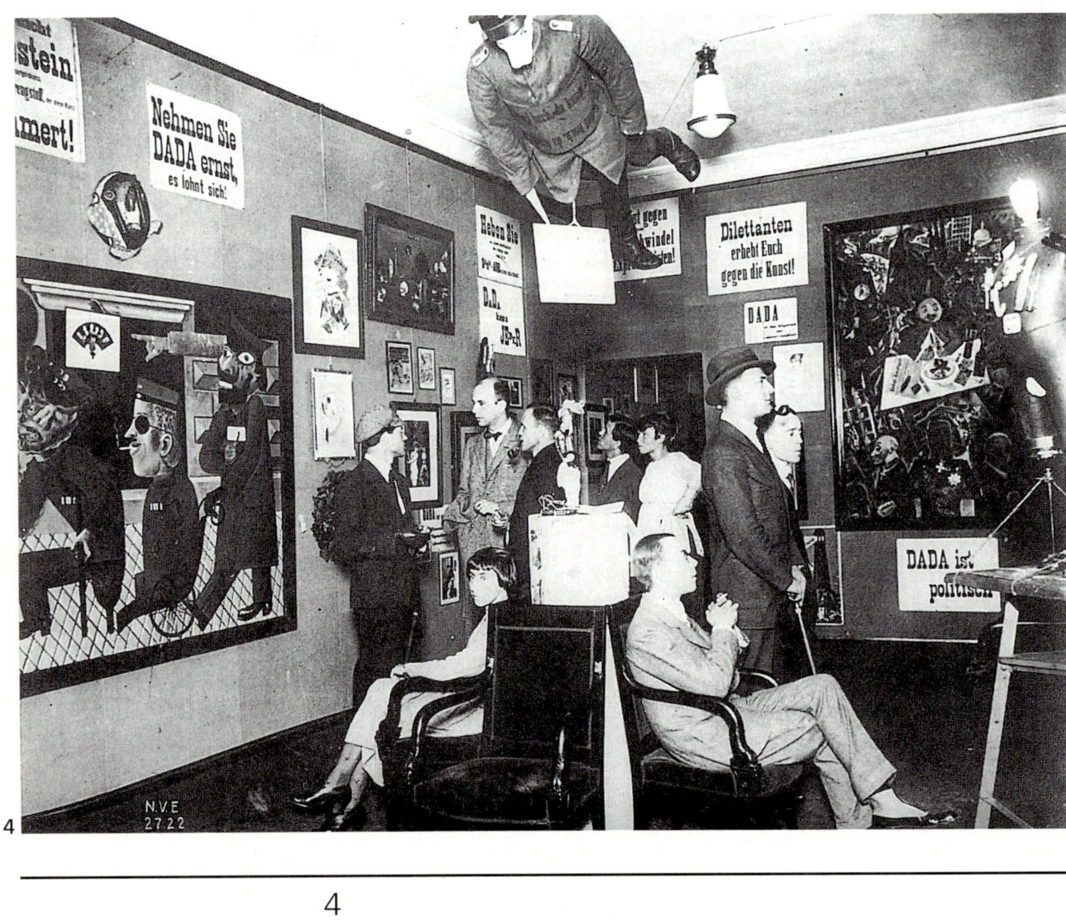

4

4.3 Plakatgedicht von Raoul Hausmann (1921), das Kurt Schwitters zu seiner Ursonate (4.1) anregte

4.4 Eröffnung der Ersten internationalen Dada-Messe, 30. Juli 1920 (Berlin)

Die demokratische, rassenverpestende Lehre, die volksvernichtende Weltstadt vereinigen sich mit der planmäßigen jüdischen Zersetzungstätigkeit. Das Ergebnis war, dass nicht nur Weltanschauungen und Staatsgedanken zerbrachen, sondern auch die Kunst des nordischen Abendlandes.

Alfred Rosenberg, Kunst, Volk und Rasse, 1930

Welten! Fluten!
Ihr taumelnden, torkelnden Häuser!!!
Cake-walkt am Horizont!!
Ihr Negermelodien
Lieblich wie Ellins Blauaugen – –
Welten, Ströme, Erdteile!
Australien, du Sonnenland!
Afrika mit deinen dunklen Ur-Ur-Urwäldern,
Amerika mit deiner D-Zug-Kultur,
Welten – ich rufe, schreie!!!
Wacht auf, ihr ehrfurchtbuckelnden Blassgesichter!!!
Ihr Hundesöhne, Materialisten,
Brotfresser, Fleischfresser, – Vegetarier!!
Oberlehrer, Metzgergesellen, Mädchenhändler!
– ihr Lumpen!!!
Denkt: meine Seele ist zweitausend Jahre alt!
!!! Triumph !!!
Gott, Vater, Sohn – Aktiengesellschaft.

George Grosz

Die Kunst soll mithelfen, erzieherisch auf das Volk einzuwirken, sie soll auch den unteren Ständen nach harter Mühe und Arbeit die Möglichkeit geben, sich an den Idealen wieder aufzurichten (...)

Das sei aber nur möglich, *(...) wenn Kunst die Hand dazu bietet, wenn sie erhebt, statt dass sie in den Rinnstein niedersteigt.*

Kaiser Wilhelm II., 1901

5.1 Erwin Schulhoff: In futurum. Dritter Teil der „Fünf Pittoresken" für Klavier, 1919
Die Sätze lauten: 1. Foxtrott, 2. Ragtime, 3. In futurum, 4. One-step, 5. Maxixe; gewidmet: „Dem Maler und Dadaisten George Grosz in Herzlichkeit zu eigen!"; das Gedicht „Welten! Fluten!" von Grosz (s. o.) zitiert Schulhoff auf dem Titelblatt der Ausgabe.

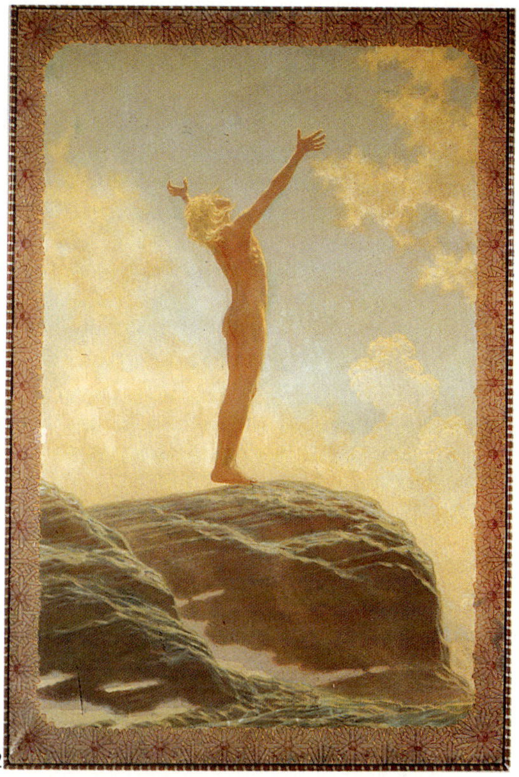

2

5.2 Fidus (eigentl. Hugo Höppner; 1868-1948): Lichtgebet, 1894
Öl auf Leinwand. Berlin, Dt. Historisches Museum

III. In futurum.

© Ries & Erler, Berlin

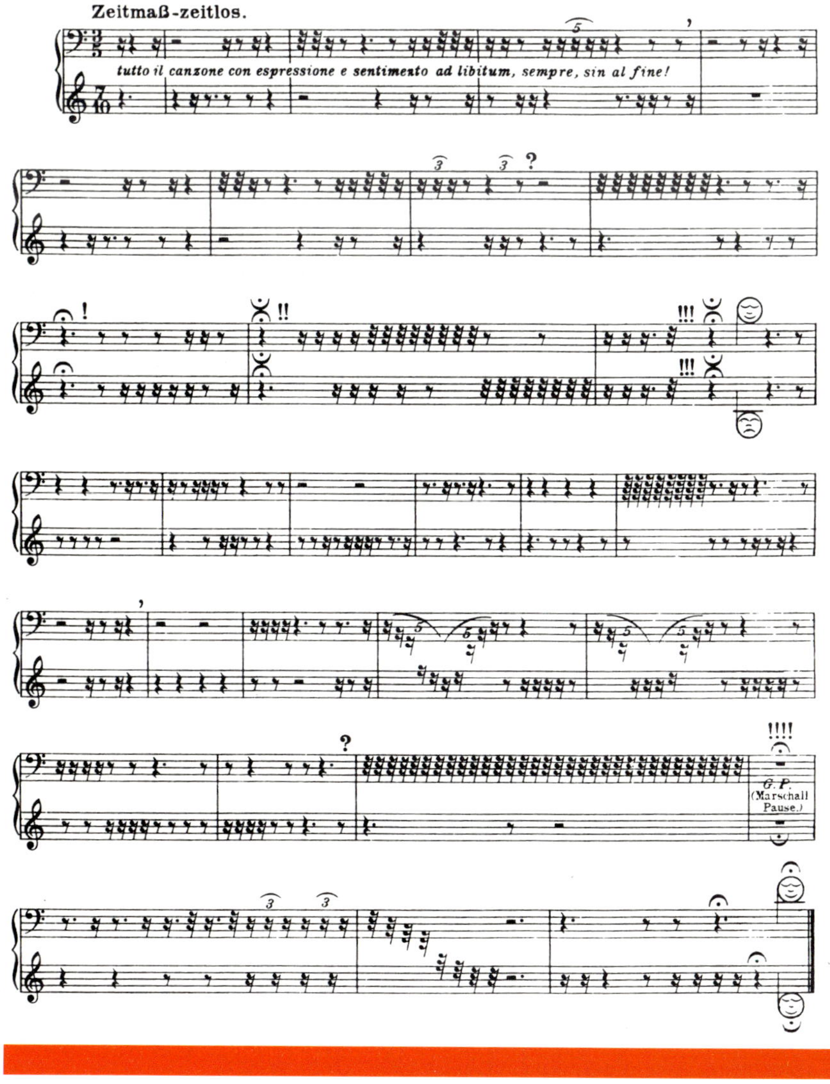

1

5.3 Ausstellung „Entartete Kunst", München 1937: Dada-Wand mit Werken von Kurt Schwitters und Paul Klee sowie Blättern aus Dada-Zeitschriften

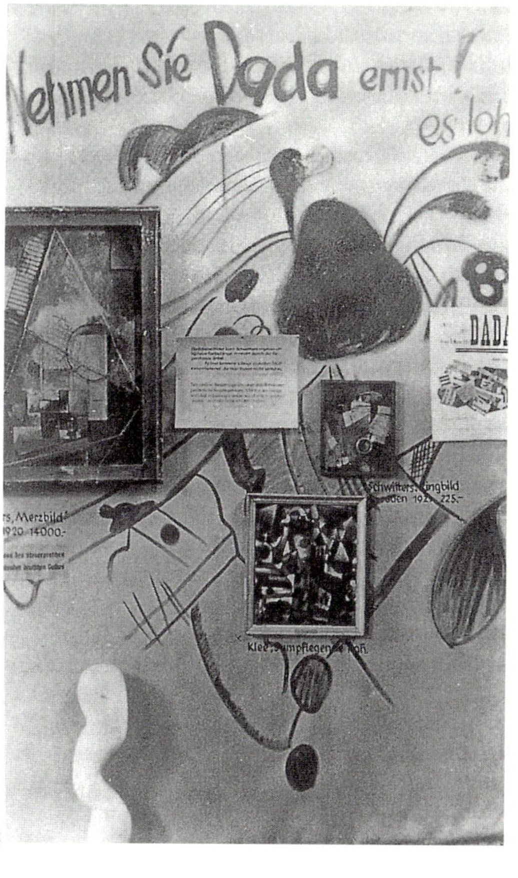

3

Da hängen neben einem schamlosen und noch dazu dumm gemalten Liebesakt ausdrucksleere, gepatzte Landschaften, Mädchenbilder, die nur in Betrunkenheit entstanden sein können, hängen lüsterne Balzszenen und Konterfeie vertierter Mischlinge, Zeugnisse hoffnungslosen Rassenzerfalls, auch jene beliebten behaglichen Darstellungen dunkler Naturvölker fehlen nicht (...)
In einer geradezu scheußlichen Technik, einem zentimeterhohen grellbunten Farbgepatze führt Nolde seine „Idealgestalten" vor: Papuaneger sind es und heidnische Maskensymbole, primitive Kunstversuche eines kulturlosen Volkes, widergespiegelt in einer kunstfeindlichen Seele. (...) Dass aber Christus, sein Leben, seine Lehre, sein Tod unter diesen unsauberen Pinsel gerät, muss jedem feinfühligen Menschen ein *Gräuel* sein.

Bettina Feistel-Rohmeder, in: Dt. Kunstbericht 1927-1933

Ich bin daher überzeugt, dass wenige Jahre nationalsozialistischer Volks- und Staatsführung dem deutschen Volk gerade auf dem Gebiet der kulturellen Leistungen mehr und Größeres schenken werden als die letzten Jahrzehnte des jüdischen Regimes zusammengenommen. (...)
Die Kunst muss um ein solches Ziel zu erreichen auch wirklich Verkünderin des Erhabenen und Schönen und damit Trägerin des Natürlichen und Gesunden sein. Ist sie dies, *dann ist für sie kein Opfer zu groß*. Und ist sie dies nicht, dann ist es schade um jede Mark, die dafür ausgegeben wird. Denn dann ist sie nicht ein Element des Gesunden und damit des Aufbaues und Fortlebens, sondern ein Zeichen der Degeneration und damit des Verfalls. Was sich uns als sogenannter „Kult des Primitiven" offenbart, ist nicht der Ausdruck einer naiven unverdorbenen Seele, sondern einer durch und durch korrupten und krankhaften Verkommenheit.
Wer die Bilder und Skulpturen – um nur ein besonders krasses Beispiel zu erwähnen – unserer Dadaisten, Kubisten und Futuristen oder eingebildeten Impressionisten mit dem Hinweis auf eine primitive Ausdrucksgestaltung entschuldigen will, der hat wohl keine Ahnung, dass es nicht die Aufgabe der Kunst ist, den Menschen an seine Degenerationserscheinungen zu erinnern, als vielmehr den Degenerationserscheinungen durch den Hinweis auf das ewig Gesunde und Schöne zu begegnen. Wenn diese Sorte von Kunstverderbern sich anmaßt, das „Primitive" im Empfinden eines Volkes zum Ausdruck bringen zu wollen, dann ist jedenfalls unser Volk seit einigen Jahrtausenden über die Primitivität solcher Kunstbarbaren schon längst hinausgewachsen. Es lehnt diesen Unfug nicht nur ab, sondern es hält die Fabrikanten entweder für Schwindler oder Irrsinnige! Beide aber haben wir im Dritten Reich nicht mehr die Absicht auf das Volk loszulassen!

Adolf Hitler: Kulturtagung des Reichsparteitages, Nürnberg 1935

Ich habe seit der Machtergreifung der deutschen Kunstkritik vier Jahre Zeit gelassen sich nach national-sozialistischen Grundsätzen auszurichten. Da auch das Jahr 1936 keine befriedigende Besserung der Kunstkritik gebracht hat, untersage ich mit dem heutigen Tage endgültig die Weiterführung der Kunstkritik in der bisherigen Form. Anstelle der bisherigen Kunstkritik wird ab heute der Kunstbericht gestellt, an die Stelle des Kunstkritikers tritt der Kunstschriftleiter. Der Kunstbericht soll weniger Wertung als vielmehr Darstellung und damit Würdigung sein. (...) Er verlangt Bildung, Takt, anständige Gesinnung und Respekt vor dem künstlerischen Wollen. (...) Das Amt des Kunstschriftleiters wird in der Berufsliste der deutschen Presse an eine besondere Genehmigung geknüpft sein, die wiederum abhängig ist von dem Nachweis einer wirklich ausreichenden Vorbildung auf dem Kunstgebiet, auf dem der betreffende Schriftleiter künftig tätig sein will. (...) Nur Schriftleiter werden in Zukunft Kunstleistungen besprechen können, die mit der Lauterkeit des Herzens und der Gesinnung des Nationalsozialisten sich der Aufgabe unterziehen.

Joseph Goebbels: 3. Jahrestagung der Reichskulturkammer, in: Völkischer Beobachter, 28.11.1936

6.1 „Kraft-durch-Freude"-Tourismus, Plakat

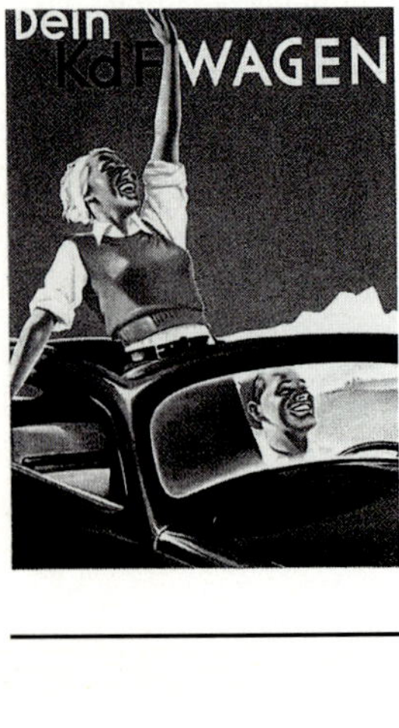

1930	Erster Versuch eines Jazzverbotes durch Wilhelm Frick, nationalsozialistischer thüringischer Volksbildungsminister; Verfügung gegen die Negerkultur, Verbot von „Jazz- und Schlagzeug-Musik, Negertänzen, Negergesängen, Negerstücken" (s. S. 18 u. 32)
1933	13. März: Erlass zur Einrichtung des Reichsministeriums für Volksaufklärung und Propaganda 21. März: Gründung der NS-Theaterbesucher-Organisation „Deutsche Bühne" 7. April: Gesetz zur „Wiederherstellung des Berufsbeamtentums"; ermöglicht die Ausschließung von politisch missliebigen Personen und „Nichtariern" aus Beamtenberufen 11. April: Schließung des Berliner Bauhauses durch Göring ab April: Besetzung der Leitungsstellen in wichtigen Museen mit NS-Funktionären. „Schandausstellungen" mit „entarteter Kunst" (S. 20) 10. Mai: Öffentliche Bücherverbrennung in den Haupt- und Universitätsstädten des Reiches (in Berlin auf Veranlassung von Goebbels; s. S. 37) 16. Mai: Abdruck der ersten „Verbotsliste Schöne Literatur" 22. September: Einrichtung der Reichsmusikkammer, der Reichskammer der bildenden Künste (S. 21) Spätsommer: In den deutschen Jugendherbergen Jazz-Verbot Verbot des Führens „von ausländischen oder ausländisch klingenden Decknamen" 27. November: Gründung der DAF-Freizeitorganisation „Kraft durch Freude" (s. S. 17)
1934	25. April: Nichtarierfragebogen der Reichsmusikkammer (s. S. 27) 4. Juni: Gründung der „NS-Kulturgemeinde" Rosenbergs. (Zusammenschluss der „Deutschen Bühne" und des „Kampfbundes für Deutsche Kultur"; s. S. 20) 28. November: Verordnung des Reichspräsidenten „Zum Schutze von Volk und Staat": gesetzliche Grundlage dafür, dass im Dezember von vierzig offiziellen Stellen allein für 1934 4100 Druckschriften verboten sind
1935	Oktober: Hadamovsky-Erlass für den Rundfunk: „Verbot des Nigger-Jazz" (s. S. 32)
1936	26. Mai: Verordnung über den Abstammungsnachweis von Mitgliedern der Reichskulturkammer

1936	27. November: Verbot der Kunstkritik, Verordnung des „Kunstberichts" durch Joseph Goebbels Dezember: Goebbels meldet: Reichskulturkammer „judenrein"
1937	Januar: Begründung der Zeitschrift „Die Kunst im Dritten Reich" durch Rosenberg 30. Juni: Beauftragung des Präsidenten der Reichskammer der bildenden Künste, Ziegler, mit der Vorbereitung einer Ausstellung „Verfallskunst seit 1910" 18. Juli: Eröffnung der ersten „Großen Deutschen Kunstausstellung" in München (s. S. 10) 19. Juli: Eröffnung der Ausstellung „Entartete Kunst" in München (s. S. 22) 18. Dezember: Anordnung über unerwünschte und schädliche Musik Erste Swingtanz-Verbote (s. S. 34)
1938	22.-29. Mai: Reichsmusiktage in Düsseldorf dabei am 24. Mai: Eröffnung der Ausstellung „Entartete Musik" (s. S. 19) 31. Mai: Gesetz über die Einziehung von Erzeugnissen entarteter Kunst (s. S. 23) 5. November: Anordnung des Präsidenten der Reichskulturkammer: Juden ist die Teilnahme an deutschen kulturellen Veranstaltungen jeglicher Art verboten
1939	20. März: Verbrennung des „unverwertbaren Bestands" beschlagnahmter Kunstwerke in Berlin: 1004 Gemälde, 3825 Aquarelle, Zeichnungen und grafische Blätter 30. Juni: Versteigerung „entarteter" Kunst in Luzern (s. S. 23) 1. August: Das Spielen „jüdischer" Tanz-Unterhaltungsmusik wird mit Berufsverbot geahndet 1. September: „Verordnung über außerordentliche Rundfunkmaßnahmen": „Das absichtliche Abhören ausländischer Sender ist verboten." „Erste Liste unerwünschter musikalischer Werke" 1. November: „arische" Organisten dürfen bei jüdischen Trauerfeiern nicht mehr mitwirken
1941	15. November: Die Aufführung von Werken polnischer, englischer, französischer und russischer Komponisten ist während des Krieges untersagt, ausgenommen Chopin und Bizets „Carmen"
1944	28. Juli: Eröffnung der letzten „Großen Deutschen Kunstausstellung" in München

Wir haben nichts zu tun mit einer Musik, die ähnlich den Beispielen der entarteten bildenden Kunst verstandesmäßig konstruiert und nicht erlebt ist. Wir wollen auch nichts Neues um jeden Preis, sondern nur dort, wo wir es erwarten können, dass wir dem Volke damit etwas Wertvolles schenken. Wenn wir so oft von den ewigen Werten deutscher Musik sprechen, so bringen wir damit zum Ausdruck, dass das zeitlose Schaffen eines Beethoven, Bach, Mozart uns immer erbaut, und dass sie das in ihren Werken gefunden haben, was der gesunde und echte deutsche Mensch immer verstehen und fühlen wird.

Obergebietsführer Karl Cerff bei der Eröffnung der Reichsmusiktage in Stuttgart, am 11.11.1937

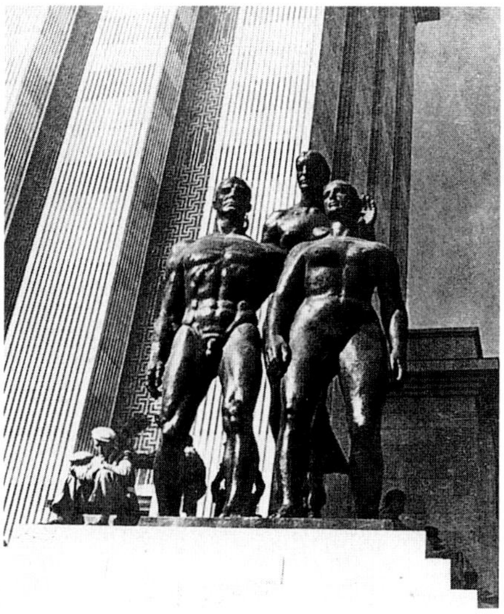

1

7.1 Josef Thorak: Die Familie, 1937 am Deutschen Pavillon auf der Weltausstellung in Paris 1937

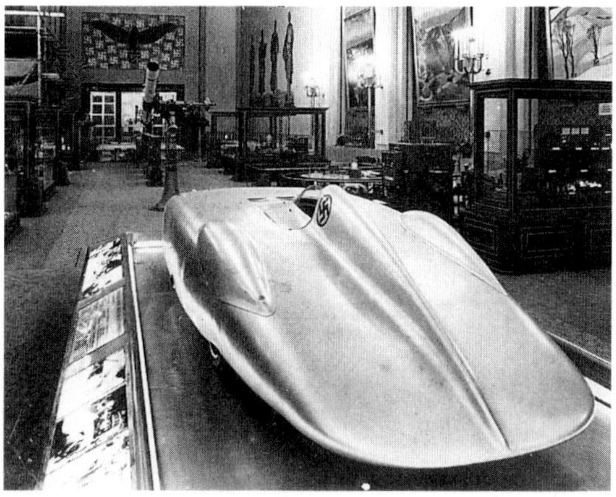

2

Nicht der intellektuelle Verstand hat bei unseren Musikern Pate zu stehen, sondern ein überquellendes musikalisches Gemüt.

Adolf Hitler 1938

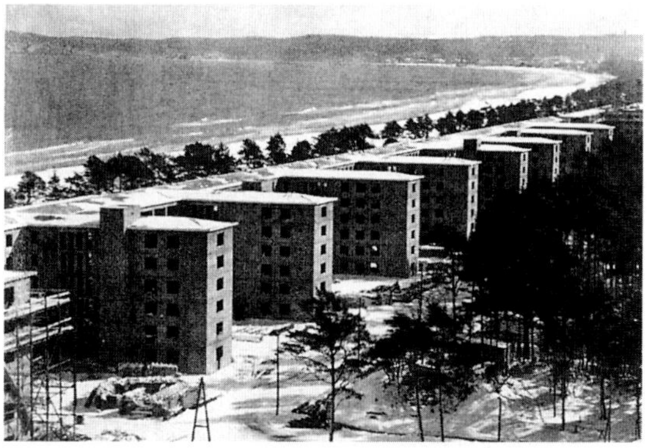

3

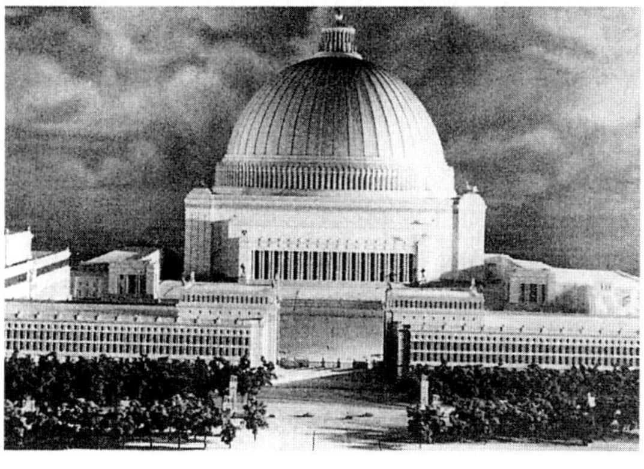

4

7.2 Mercedes-Benz-Rekordwagen, 1936/37, Dt. Pavillon, Weltausstellung 1937 in Paris

7.3 Kraft-durch-Freude-Seebad Prora/Binz (Rügen), Teilansicht der Rohbauten etwa 1939: „Das Bad für 20 000"

7.4 Der Große Platz, Zentrum der Nord-Süd-Achse in Berlin, nach einem Entwurf von Albert Speer (Modellaufnahme von 1941)

1 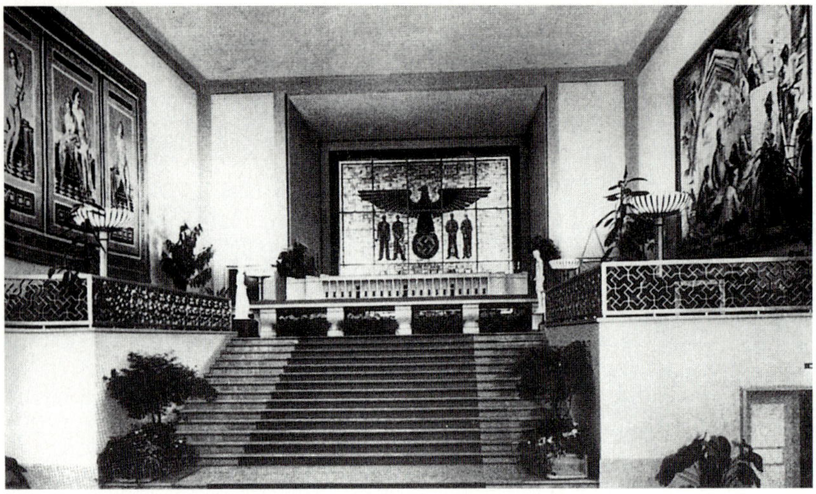

8.1 Weltausstellung Paris 1937: Der Deutsche Pavillon. Ehrenpodium

3 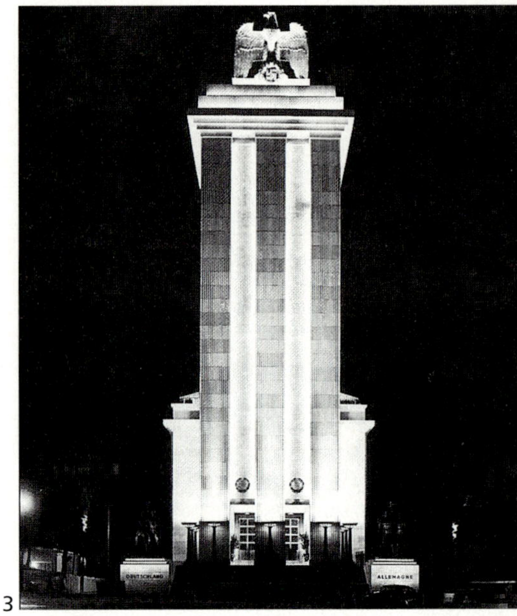

8.3 Weltausstellung Paris, 1937:
Der Deutsche Pavillon

Das Deutschland des Dritten Reiches (...) ein Land lächelnden Friedens.
(im Ausstellungsführer zur Weltausstellung 1937)

Am 24. Mai 1937 wird in Paris die letzte große internationale Ausstellung vor dem Zweiten Weltkrieg eröffnet. Thema für die beteiligten Nationen (Frankreich, Spanien, Italien, Deutschland, Sowjetunion), die hier durch ein Gebäude ihr Image präsentieren, sind: Kunst und Technik. Diese „Pariser Weltausstellung“ wird von 31 Millionen Menschen besucht.
Die Bedeutung der modernen elektrischen Energie zeigte sich in den Beleuchtungsinszenierungen: Lichtfontänen, Illuminationen und nächtliche Beleuchtung der Pavillons. Sie war ein wesentlicher Faktor bei allen Architekturen. Zu den nächtlichen Lichtspielen gehörten spezielle Kompositionen von Milhaud, Auric, Honnegger und Ibert. Für alle teilnehmenden Nationen waren die neuen Medien Ausdruck der aktuellen Wirklichkeit: Fotografie, Radio, Kino, Werbung, Presse. Das ideelle Zentrum der Anlage war eine Friedenssäule, sie machte die Intention der Veranstalter deutlich. Es war das letzte „Friedensfest“ vor der Katastrophe. Prägendes Merkmal der gesamten Architektursprache war der traditionelle Klassizismus.
Der „Deutsche Pavillon“ war das Gesicht des NS-Regimes im Ausland, das andere zeigte sich im Innern des Reiches: 1937 wurden in München auf der Ausstellung „Entartete Kunst“ die Künstler der Avantgarde gebrandmarkt, 1937 wurde das Konzentrationslager Buchenwald eingerichtet!

Das Innere des „Deutschen Pavillons“ (8.1) ist eine Mischung aus Sakral-, Schloss- und Warenhausarchitektur. Dem großen Raum der Ausstellungshalle ist eine Vorhalle vorgelagert: Indirekte Beleuchtung gibt ihr das Pathos eines Meditationsraumes. Der Wegeraum der Halle führt auf ein altarartiges, über Stufen zu ersteigendes Podest zu, auf dem das „Haus der Deutschen Kunst“ (München) als Modell präsentiert ist. Dahinter, auf einem riesigen Gobelin, die Embleme der NS-Herrschaft. Darunter, einer Krypta vergleichbar, Fernseh- und Fernsprechraum der Deutschen Reichspost und ein Kino für 240 Zuschauer.
Strenge Symmetrie prägt den Längsraum der Ausstellungshalle. Riesige Lüster hängen von der Decke, Pilaster gliedern die Wände, übermannshohe Glasvitrinen auf Stufensockeln erinnern an sakrale Kleinarchitektur. In ihnen werden die ausgestellten Produkte von Industrie und Kunsthandwerk zu Kultobjekten. Die nächste Weltausstellung wollte Hitler 1950 in seiner neuen Weltstadt „Germania“ ausrichten. Albert Speer war beauftragt (1936) in einem Generalbebauungsplan Berlin zu einer „Kosmopolis“ umzugestalten. Am nördlichen Ende der projektierten Nord-Südachse (nördlich des Reichstages) sollte die „Große Halle“, ein überkuppelter Zentralbau, errichtet werden (7.4). Es sollte die größte Versammlungshalle der Welt werden, Zentrum der „Volksgemeinschaft“. Höhe des Bauwerks: 290 m, Kuppeldurchmesser 250 m. Auf 38 000 m^2 sollten sich (stehend) 150 000 Menschen versammeln können.

✔ Der Deutsche Pavillon wurde 1937 als „Bau des Reiches“ und „als Künder gegenwärtigen deutschen Lebensgefühls“ charakterisiert. Erstellen Sie eine Checkliste mit Merkmalen, die für die Inszenierung der NS-Stimmungsarchitektur wichtig war.

✔ Vergleichen Sie die Äußerungen der NS-Zeit mit der heutigen Interpretation griechischer Plastik. (Vgl. 8.4 u. 9.1)

8.2 Die deutsche Kunst – Erbe Griechenlands

2 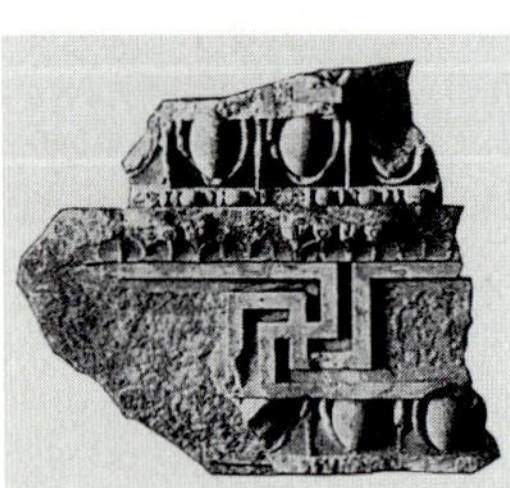

4 Die Siegerstatuen der früheren Zeit sind in ihrer feierlichen Frontalhaltung von Götterbildnissen oft nicht zu unterscheiden. Erst mit der Weiterentwicklung der griechischen Bildhauerkunst und der Entwicklung des Erzgusses ist der künstlerische und technische Anreiz gegeben, Bewegungsfiguren zu formen. Der griechische Erzgießer mißbraucht aber die größere Formfreiheit nicht, die ihm das Material gestattet! Ein Bildwerk wie der Diskuswerfer des Myron (5. Jahrh. v. Chr.) ist ein Wunderwerk des Wohlklanges zwischen dem fließenden Rhythmus der Bewegung und der starken Zucht künstlerischer Geschlossenheit! Vollendet wie das Bildwerk ist das sportliche Tun des Hellenen: nicht Verkrampfung spricht aus ihm, sondern das auf feinstem Körpergefühl und auf Konzentration beruhende, selbstsichere, vollendete Können.

8.4 Über den Diskuswerfer des Myron
(Georg Schorer, in: Dt. Kunstbetrachtung, Deutscher Volksverlag, München, 2. Aufl. 1942)

2 „Wenn Faust und Helena sich vermählen ...“. Rede des Reichserziehungsministers B. Rust, 1939

1
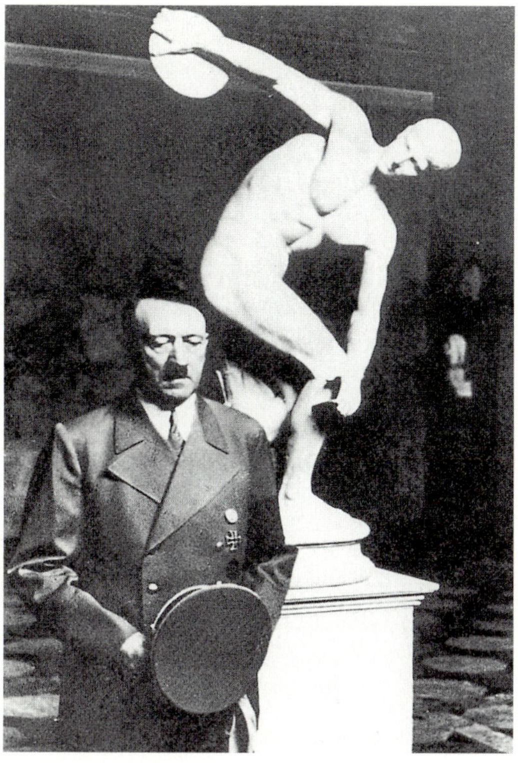

9.1 Adolf Hitler 1938 vor dem Diskuswerfer des Myron in der Münchner Glyptothek

Ich war in diesen Tagen glücklich, dank der wahrhaft großherzigen Genehmigung der italienischen Regierung dem deutschen Volk für die Hauptstadt seiner Kunst ein unsterblich schönes Werk erwerben zu können. Mögen Sie alle, die Sie dieses Haus besuchen, nicht versäumen, in die Glyptothek zu gehen, und mögen Sie dann erkennen, wie herrlich schon einst der Mensch in seiner körperlichen Schönheit war, und wie wir von Fortschritten nur dann reden dürfen, wenn wir diese Schönheit nicht nur erreichen, sondern wenn möglich noch übertreffen. Mögen aber auch die Künstler daran ermessen, wie wunderbar sich das Auge und das Können jenes Griechen Myron uns heute offenbaren, jenes Griechen, der vor fast zweieinhalb Jahrtausenden das Werk schuf, vor dessen römischem Abbild wir heute in tiefer Bewunderung stehen. Und mögen Sie daraus einen Maßstab finden für die Aufgaben und Leistungen unserer eigenen Zeit. Mögen Sie alle zum Schönen und Erhabenen streben um in Volk und Kunst ebenfalls der kritischen Bewertung von Jahrtausenden standzuhalten.

Adolf Hitler: Eröffnung der 2. Großen Deutschen Kunstausstellung, München 1938

Die große Orgel zieht als das umfassendste Instrument unserer Musikkultur ein in die großen Hallen unserer politischen Feste und Feiern. (...) Sie ist zugleich der Monumentalität unserer Bauten aufs Tiefste verwandt.

Aus dem Bericht über die Tagung für Deutsche Orgelbaukunst, 1939

Es liegt auf der Hand, dass der Hang des Nationalsozialismus zur Übersteigerung mit Riesenorgeln, mit Monumentalorgeln, liebäugelte. Das Riesenhafte der Orgel hier und die kalte Pracht der Bauten Albert Speers dort gehören tatsächlich zusammen. Der Zweck solcher übertriebenen Monumentalität, nämlich als Beschauer und Hörer überwältigt und erschlagen zu werden und zu fühlen, dass man selbst klein ist und etwas Großes und Gewaltiges über einem steht, ist aber nur die allgemeine Dimension. Das Erhabene erscheint so einseitig hervorgekehrt, dass das ästhetische Sichversenken in ein Kunstwerk von einer beabsichtigten Besinnungslosigkeit überwuchert wird – das Dröhnen der Orgel und das „Ragende" der Bauten sollen, wie das Erhabene der Naturgewalt, die Sinne rauben, sollen wie Blitz und Donner rühren oder wie ein Erdbeben erschüttern: um in Ohnmacht zu verharren (...)
In Speers Architektur ergeht man sich nicht, sondern man marschiert in Formationen zwischen ihr und zu der Orgel singt man die Parteilieder. (...)
Der Orgelbauer Walcker in Ludwigsburg konnte zusammen mit dem Orgelhaus Sauer in Frankfurt/Oder in einer Staunen erregenden Rekordleistung von knapp einem halben Jahr eine Riesenorgel für die Nürnberger Reichsparteitage installieren. Mit 220 klingenden Registern und über 16 000 Pfeifen, deren größte 12 Meter maß, war sie wenn nicht die größte, so doch mit die größte Orgel Europas.

(Albrecht Riethmüller 1988)

Überall, wo eine innere Geschlossenheit herrscht, ist die Musik fest in das Staatswesen eingegliedert (...) Dann hat auch die Musik die Stellung im deutschen Leben wiedergewonnen, die sie in früheren Jahrhunderten schon hatte, und kann das Leben durchdringen, wie einst dem alten Griechen seine Musik nicht l'art pour l'art bedeutet hat, sondern Kunst der Gemeinschaft-Ethos politikon.

Karl Gustav Fellerer, 1933

✔ Untersuchen Sie das Plakat „Deutschland, das Land der Musik" (12.1). Worin besteht die Verwandtschaft der „großen Orgel" mit der Monumentalität der nationalsozialistischen Bauten?

9.2 Prospekt der Orgel in der Luitpoldhalle (Kongresshalle der Reichsparteitage) in Nürnberg, 1936
Zur Dimensionierung: Länge der größten Pfeifen 12 m, der Abstand zwischen Spieltisch und Orgel 20 m.

2
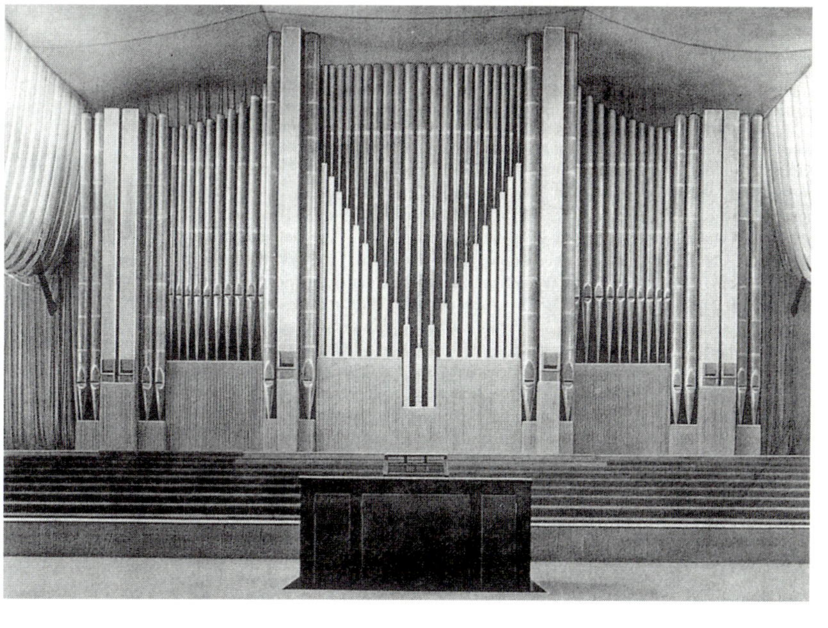

1 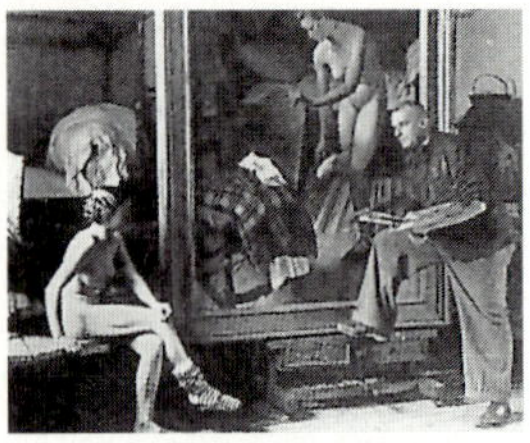

10.1 Der Maler Sepp Hilz und sein Modell
Bayr. Staatsbibl. München

52-jähriger, rein arischer Arzt, Tannenbergkämpfer, mit Siedlungsabsicht, wünscht männliche Nachkommenschaft durch standesamtliche Ehe mit gesundem, altarisch, jungfräulich jungem, anspruchslosem, auch für grobe Arbeit geeignetem, wirtschaftlichem Weibe mit breiten Absätzen, ohne Ohrringe, möglichst ohne Vermögen (...)
Aus einer Zeitungsannonce

✔ Verfassen Sie Ausschreibungskriterien für die „Große Deutsche Kunstausstellung", München 1937.

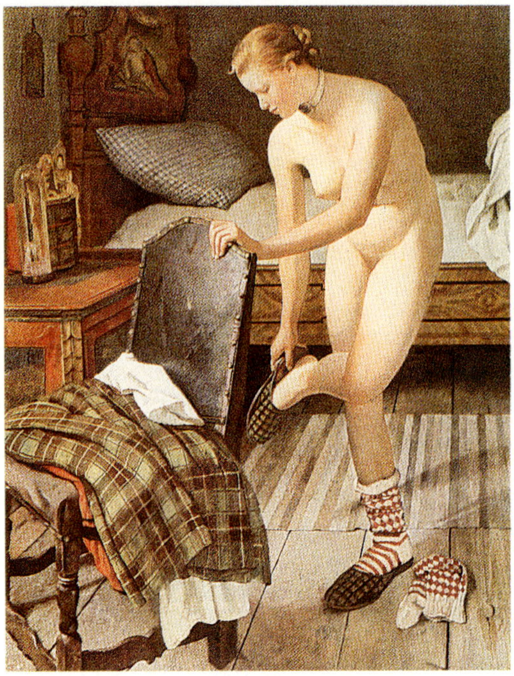 2

10.2 Sepp Hilz: Bäuerliche Venus, 1937. (Ehem.: Haus der Kunst München, Verbleib unbekannt)

10.3 Albert Speer: Neue Reichskanzlei – Ehrenhof, Berlin, 1938/39; mit Plastiken von Arno Breker: Die Partei – Die Wehrmacht

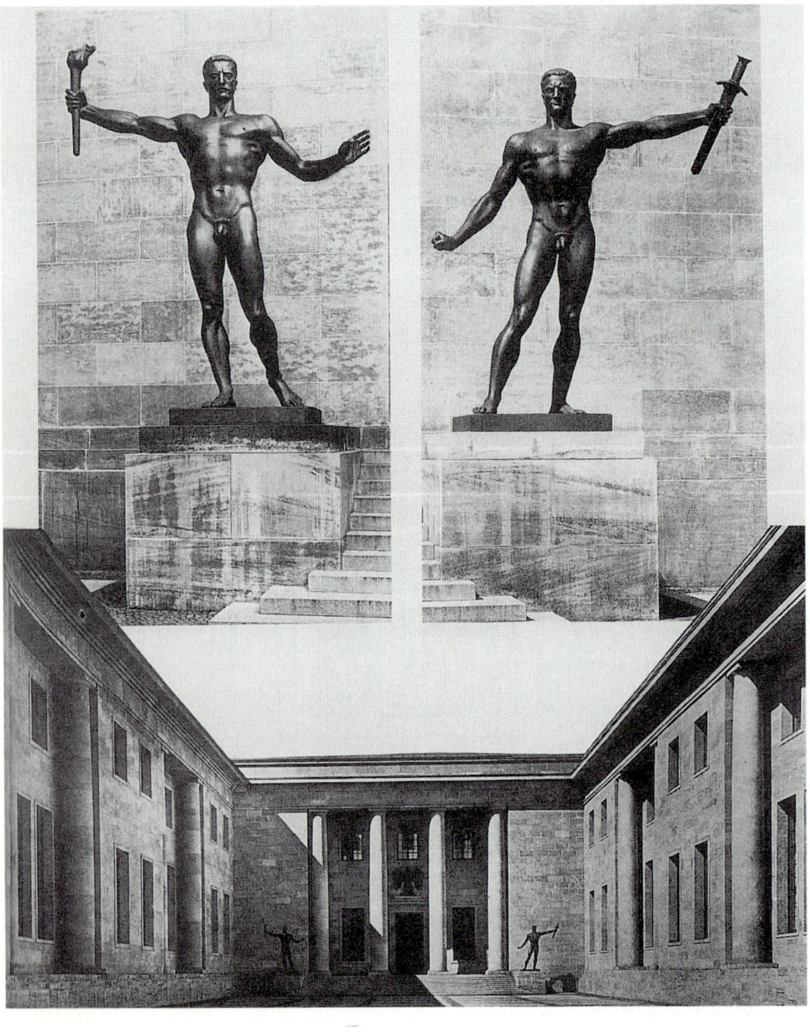
3

(...) Ich möchte daher an dieser Stelle heute folgende Feststellung treffen: Bis zum Machtantritt des Nationalsozialismus hat es in Deutschland eine sogenannte „moderne" Kunst gegeben, d.h. also, wie es schon im Wesen dieses Wortes liegt, fast jedes Jahr eine andere. Das nationalsozialistische Deutschland aber will wieder eine „deutsche Kunst" und diese soll und wird wie alle schöpferischen Werte eines Volkes eine ewige sein. Entbehrt sie aber eines solchen Ewigkeitswertes für unser Volk, dann ist sie auch heute ohne höheren Wert.
(...)
Es ist oft die Frage gestellt worden, was denn nun „deutsch sein" eigentlich heiße. (...) Das schönste Gesetz aber, das ich mir für mein Volk auf dieser Welt als Aufgabe seines Lebens vorzustellen vermag, hat schon ein großer Deutscher einst ausgesprochen: „Deutsch sein, heißt klar sein." Das aber würde besagen, dass deutsch sein damit logisch und vor allem auch wahr sein heißt.
(...)
Ob jemand ein starkes Wollen hat oder ein inneres Erleben, das mag er durch sein Werk und nicht durch schwatzhafte Worte beweisen. Überhaupt interessiert uns alle viel weniger das sogenannte Wollen als das Können.
(...)
Dieser Menschentyp, den wir erst im vergangenen Jahr in den Olympischen Spielen in seiner strahlenden, stolzen, körperlichen Kraft und Gesundheit vor der ganzen Welt in Erscheinung treten sahen, dieser Menschentyp, meine Herren prähistorischen Kunststotterer, ist der Typ der neuen Zeit, und was fabrizieren Sie? Missgestaltete Krüppel und Kretins, Frauen, die nur abscheuerregend wirken können, Männer, die Tieren näher sind als Menschen, Kinder, die, wenn sie so leben würden, geradezu als Fluch Gottes empfunden werden müssten!

Adolf Hitler: aus der Rede zur Eröffnung der 1. Großen Deutschen Kunstausstellung in München 1937, in: Völkischer Beobachter, 17.7.1937

Allerdings war die Wertschätzung, welche die einzelnen Kunstsparten genossen, durchaus unterschiedlich. Auch und gerade hier setzte der Künstler-Politiker Hitler Akzente. (...) Den Bildhauer Breker nahm er mit in das besetzte Paris, bei den Architekten Troost und Speer verbrachte er viele Stunden im Atelier vor den Modellbauten, in Bayreuth fehlte er nie und auch die jährliche Eröffnung der Großen Kunstausstellung in München ließ er sich nicht nehmen. Zu den NS-Schriftstellern aber pflegte er keinen näheren Kontakt. (...) „Hitler", so erinnert und vermutet Speer, nahm alles als Instrument (...) und die Literatur (kommt) dem machtpolitischen Zweck am wenigsten entgegen. (...) Alles konnte man mit Regiekünsten steuern – den einsamen Leser in seinen vier Wänden nicht. Außerdem war Kunst für ihn immer mit dem großen Aplomp, mit dem Knalleffekt verbunden, er liebte die erschlagenden Wirkungen – und die Literatur erschlug nicht.

(Peter Reichel 1994)

1 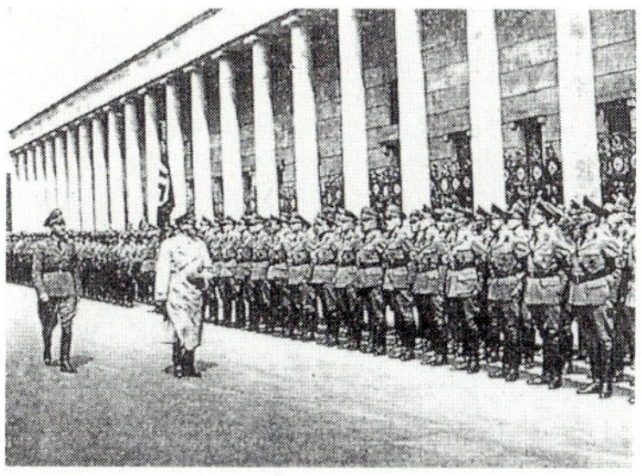

11.1 Das Haus der Kunst wird eingeweiht. Hitler schreitet die Ehrenformationen ab. Aus: Völkischer Beobachter, 19.7.1937

Ludwig van Beethoven: Nordisch ist vor allem das Heroische, Heldische seiner Werke, das nicht selten zu titanischer Größe sich erhebt. Es ist bezeichnend, dass heute in einer Zeit der nationalen Erneuerung Beethovens Werke am häufigsten gespielt werden, dass man bei fast allen Veranstaltungen heroischen Inhalts seine Werke hört. Die Eroica, die Fünfte und Neunte Sinfonie, die Egmont- und die Coriolan-Ouvertüre, sind zum typischen Ausdruck heroischer Gesinnung geworden. Nordisch ist Beethoven in der völligen Selbstständigkeit, mit der er seine eigenen Wege in der Musik geht.

Walther Rauschenberger, in: Volk und Rasse, 1934

J.S. Bach: Vor allem ist aber das Formgebilde der Fuge als Ganzes eigenständiger Ausdruck germanisch-deutscher Wesensart.

Ehrenfried Muthesius: Bach und der deutsche Geist. In: Zeitschrift für Deutschkunde, 1941

Das einzigartige Heldentum des Schaffensbildes von **Georg Friedrich Händel** entspricht der heroischen Haltung völkischen Wesens in einer Weise, dass die Distanz von Jahrhunderten aufgehoben zu sein scheint. (...) Wo der politische und kulturelle Wille der Massen in gemeinschaftlichen Kundgebungen seinen Ausdruck findet, wo der Einklang des Bekenntnisses Führer und Volk umfasst, ist Händels festliche Musik gegenwartsnah und lebendig, weil sie, nie individualistisch, aber immer verbindend und Gemeinschaft bildend wirkt. Die Klarheit und Einfachheit seiner Tonsprache, die sich aufreckt zu heldischer Erhabenheit, ist so sehr Ausdruck des deutschen Menschen, dass man seine jubelnden Triumphgesänge als Widerklang des erwachenden Deutschlands aktivieren muss um das ganze Volk teilhaben zu lassen an dieser Äußerung deutschen Geistes. Die Rückkehr Händels zu seinem Volk ist erst im Reiche Adolf Hitlers zur Tat geworden.

Friedrich W. Herzog, in: Deutsche Mitte, 1935

Richard Wagner ist einer derjenigen Künstler, bei denen jene drei Faktoren zusammenfallen, die jeder für sich einen Teil unseres gesamten künstlerischen Lebens ausmachen: das nordische Schönheitsideal, wie es äußerlich im Lohengrin und Siegfried hervortritt, gebunden an tiefstes Naturgefühl, die innere Willenhaftigkeit des Menschen in „Tristan und Isolde" und das Ringen um den Höchstwert des nordisch-abendländischen Menschen, Heldenehre, verbunden mit innerer Wahrhaftigkeit. Dieses innere Schönheitsideal ist verwirklicht im Wotan, im König Marke und im Hans Sachs.

Alfred Rosenberg, 1933

Werner Egk: Hymne aus „Olympische Festmusik", 1936 3

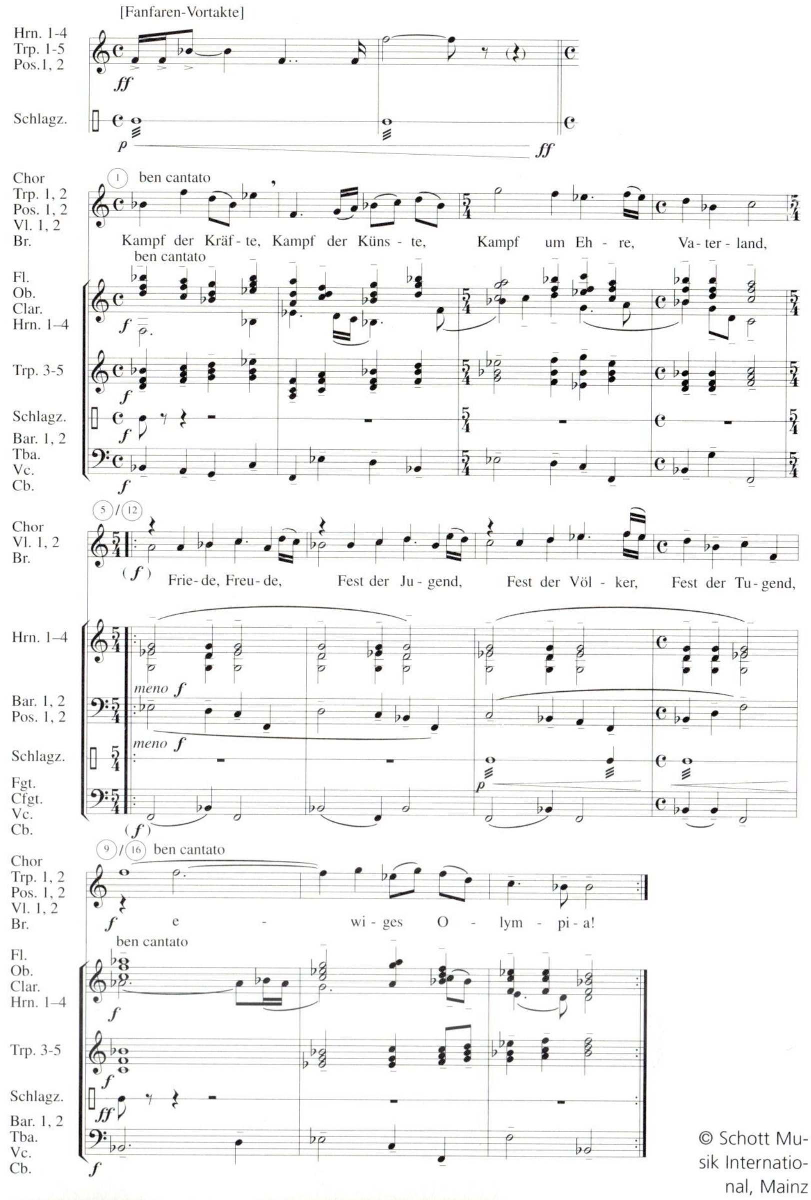

© Schott Music International, Mainz

2 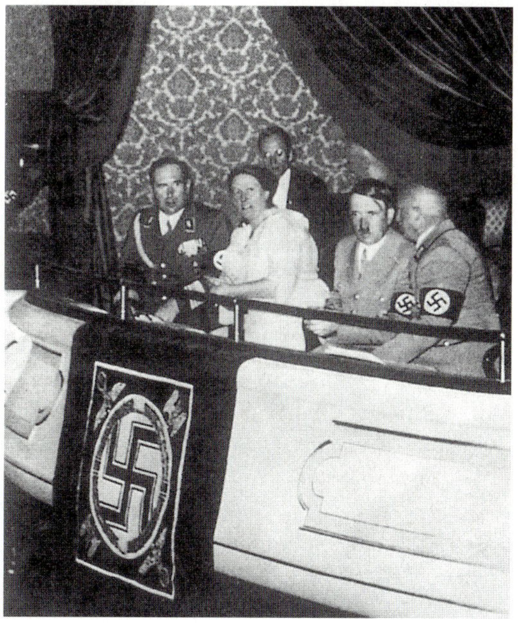

11.2 Adolf Hitler bei der ersten Aufführung der „Meistersinger" von Richard Wagner zum Reichsparteitag 1935 im Nürnberger Opernhaus

✔ Untersuchen Sie die rhetorischen Mittel (z. B. die Wortwahl). Wie werden musikalisch Feierlichkeit und Pathos erzeugt? Vergleichen Sie dieses Beispiel mit einer zeitgenössischen Olympiafanfare.

✔ Welche Eigenschaften dieser Komponisten und ihres Werkes werden als besonders „deutsch" gelobt?

Franz Liszt: Les Préludes – „Sondermeldungsfanfare“ 4

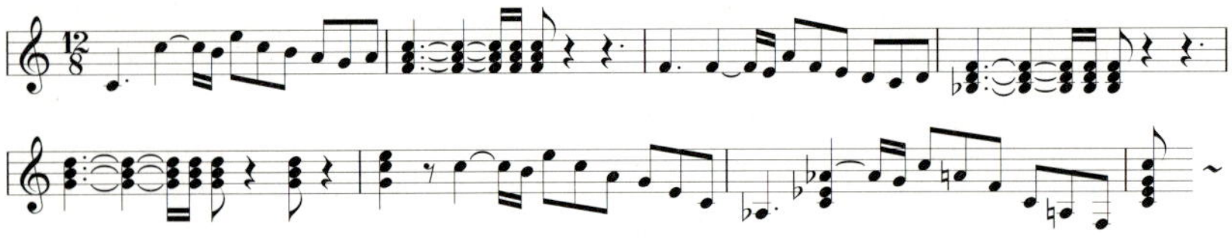

✔ Aus Franz Liszts Sinfonischer Dichtung für Orchester Nr. 3, Les Préludes, nahmen die Nationalsozialisten die Takte 35 bis 42 und machten daraus die sog. Sondermeldungsfanfare. Dieses Signal leitete während des Krieges die Rundfunkmeldungen des Oberkommandos der Wehrmacht ein. Warum wurden gerade diese Takte ausgewählt? Untersuchen Sie Rhythmus, Melodik, Harmonik und Besetzung.

Franz Liszt (1811–1886), ungarisch-deutscher Pianist und Komponist, lebte seit Ende 1823 in Paris, wo sich seine ästhetischen, religiösen und sozialen Vorstellungen in engem Kontakt zu den führenden Künstlern, den politischen und religiösen oppositionellen Bewegungen der Zeit herausbildeten. Prägend für sein Denken über Gesellschaft, Religion und Kunst wurde neben anderem der Saint-Simonismus (utopisch-sozialistische Schule, die das Eigentum als Grundfehler der bestehenden Gesellschaft betrachtet).

Les Préludes: eine der bekanntesten sinfonischen Dichtungen, ursprünglich ein 1848 komponiertes Vorspiel zu der Kantate „Les Quatre Éléments“, später instrumentiert, Uraufführung 1854.

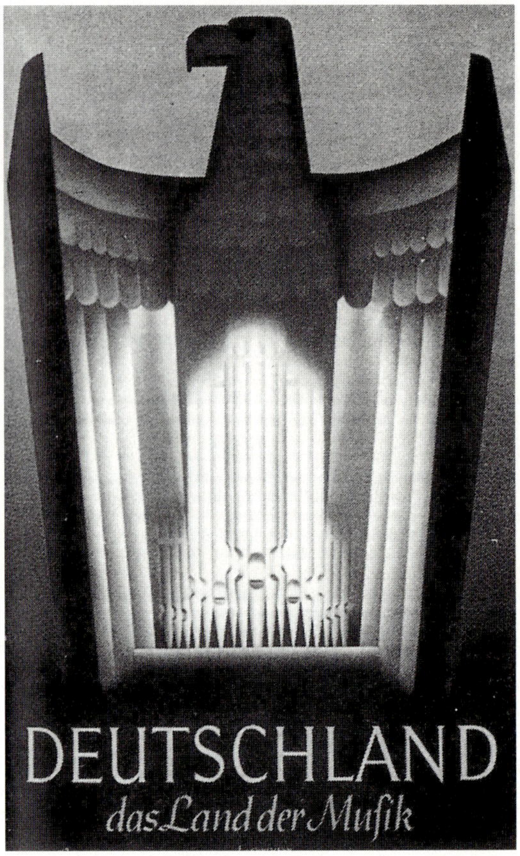

1

12.1 Plakat „Deutschland, das Land der Musik“, Entwurf L. Heinemann, um 1935

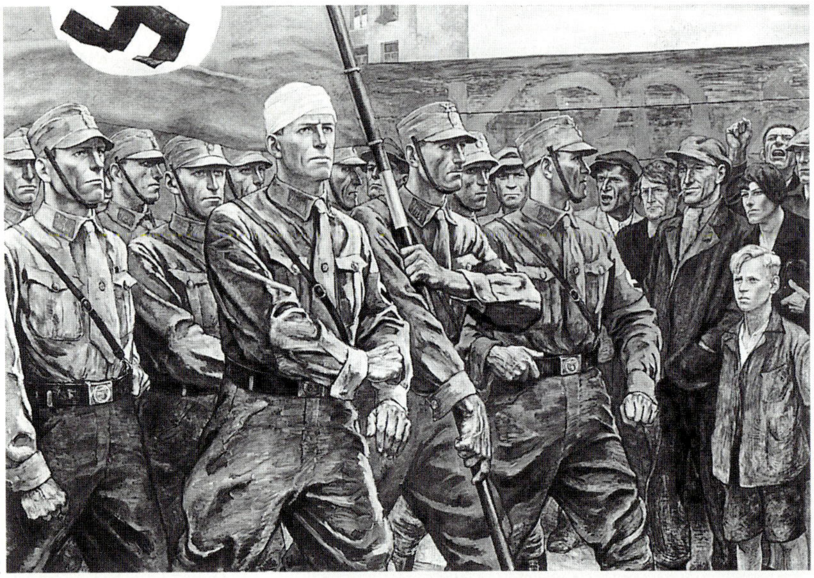

2

12.2 Elk Eber (1892-1941): So war SA.
Eber studierte an der Münchner Kunstakademie, seit 1923 bei der NSDAP, Professorentitel seit 1938, in der „Großen Deutschen Kunstausstellung“ seit 1937. Militärische und parteigeschichtliche propagandistisch ausgerichtete Motive. Auf diesem Bild werden die ‚SA-Heroen‘ in eindeutiger Absicht gegen die Arbeiter am Straßenrand abgehoben.
Hitler hat dieses Bild für 15 000 RM für die neue Reichskanzlei erworben.

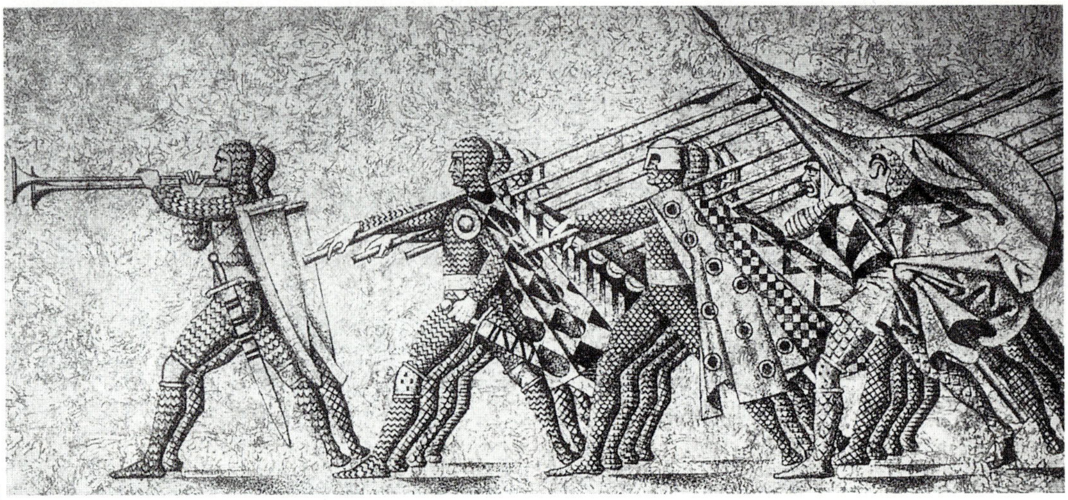

3

12.3 1936 – 39 wurde im Braunschweiger Dom eine neue Gruft für Heinrich den Löwen und seine Gemahlin erbaut. Der Dom wurde zur „Weihestätte des Deutschen Volkes“ umgestaltet. Ein Bilderfries an den Hochschiffwänden des Domes sollte die Taten Heinrichs schildern.
Nur zwei Bilder wurden in der Renaissancetechnik des Sgraffito ausgeführt, da der Künstler Wilhelm Dohme zum Kriegsdienst einberufen wurde.
(Zug der Soldaten und Bauern nach dem Osten, Teil 1, Ausschnitt)

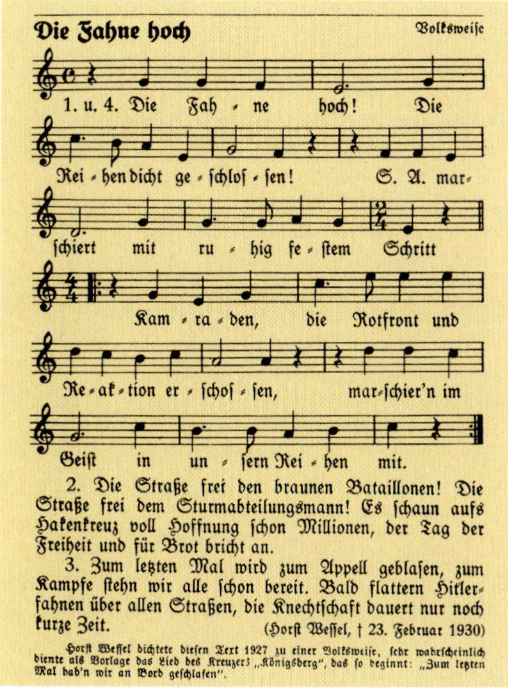

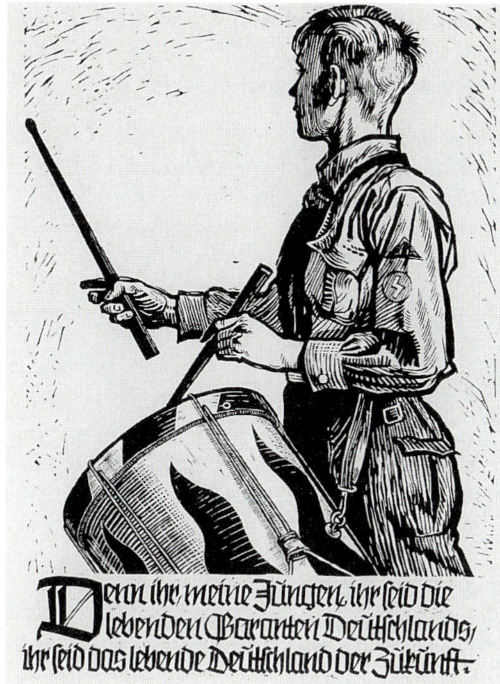

1

5 „Horst-Wessel-Lied"

13.1 Georg Sluyterman v. Langeweyde (1903 – 78): Des Deutschen Volkes Lied IX, 1937. Linolschnitt

Horst Wessel, *1907, wurde 1926 Mitglied der NSDAP, nachdem er als Schüler und Student gescheitert war und sich mit der Familie (sein Vater war Pfarrer) überworfen hatte. Am 14.1.1930 wurde er in seiner Wohnung überfallen und erschossen. Mit einiger Sicherheit war Wessels Ermordung mindestens zusätzlich durch einen Zuhälterstreit motiviert. Die NSDAP behauptete, ein Kommunist habe ihn angegriffen und machte ihn neben den Toten des Hitlerputsches am 9. November 1923 zum „Blutzeugen der Bewegung".
Das 1927 für die Berliner SA geschriebene Lied wurde nach 1933 mit der ersten Strophe des Deutschlandliedes Teil der deutschen Nationalhymne.
Die Melodie ist wohl die eines Leierkastenliedes aus dem 19. Jahrhundert.

Bertolt Brecht hat diese Parodie auf das Horst-Wessel-Lied im Exil in Paris im September 1933 geschrieben und später in sein 1941 – 1944 entstandenes Theaterstück „Schweyk im Zweiten Weltkrieg" übernommen. Eisler hat es 1942 in Hollywood vertont. Die Uraufführung des Schweyk, für die dann Eisler die Bühnenmusik schrieb, fand erst 1957 in Warschau statt.

Kälbermarsch

Text: Bertolt Brecht/ Musik: Hanns Eisler

6

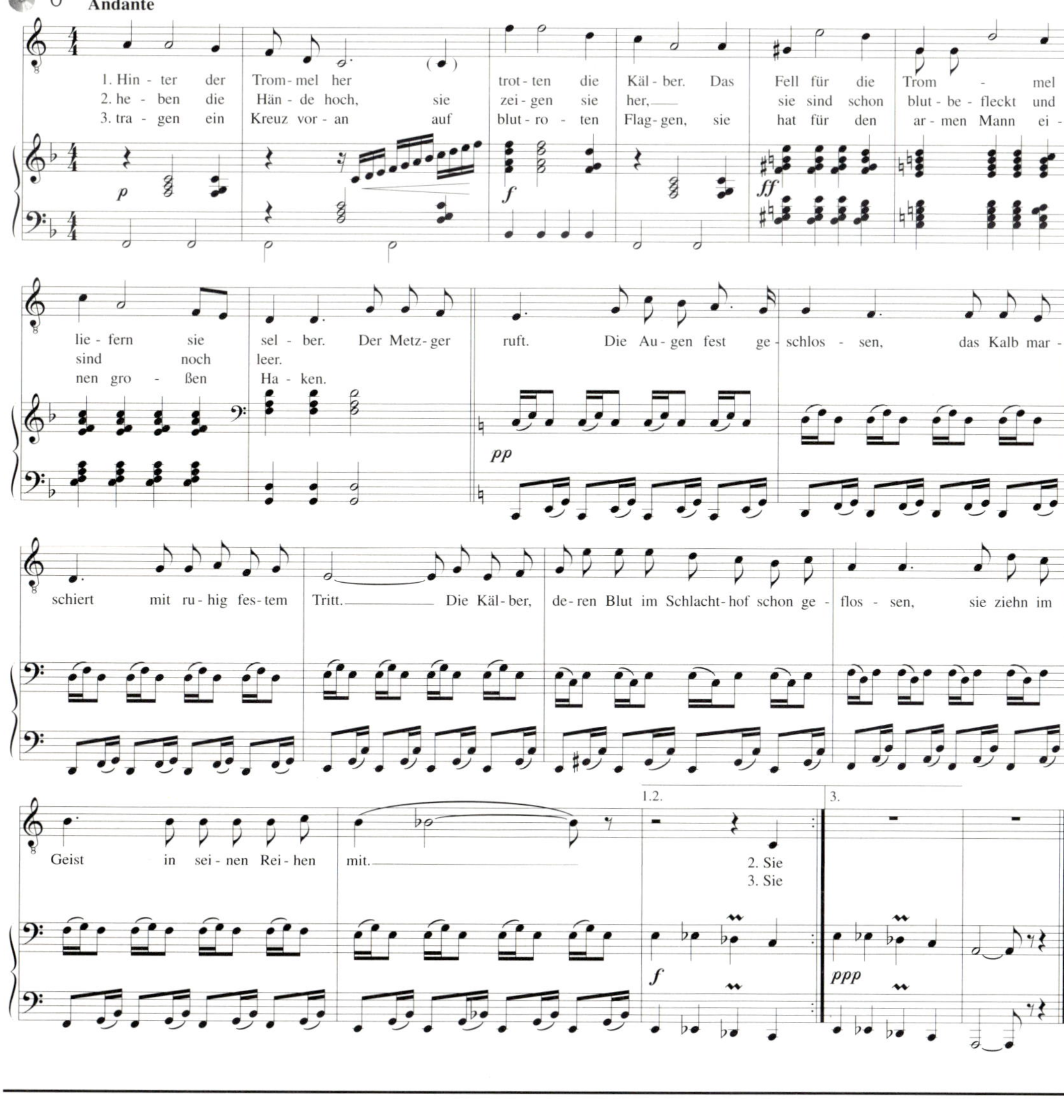

✔ Wie parodiert Brecht den Text, welche Bilder benutzt er? Mit welcher Wirkung? Wie vertont Eisler die Strophe (Melodie), den Refrain (Dynamik, Schluss)? Was fällt bei der Klavierbegleitung auf? (Eisler wollte den Klang eines mechanischen Klaviers, eines Pianolas nachahmen; bei der Uraufführung spielten zwei präparierte Klaviere).

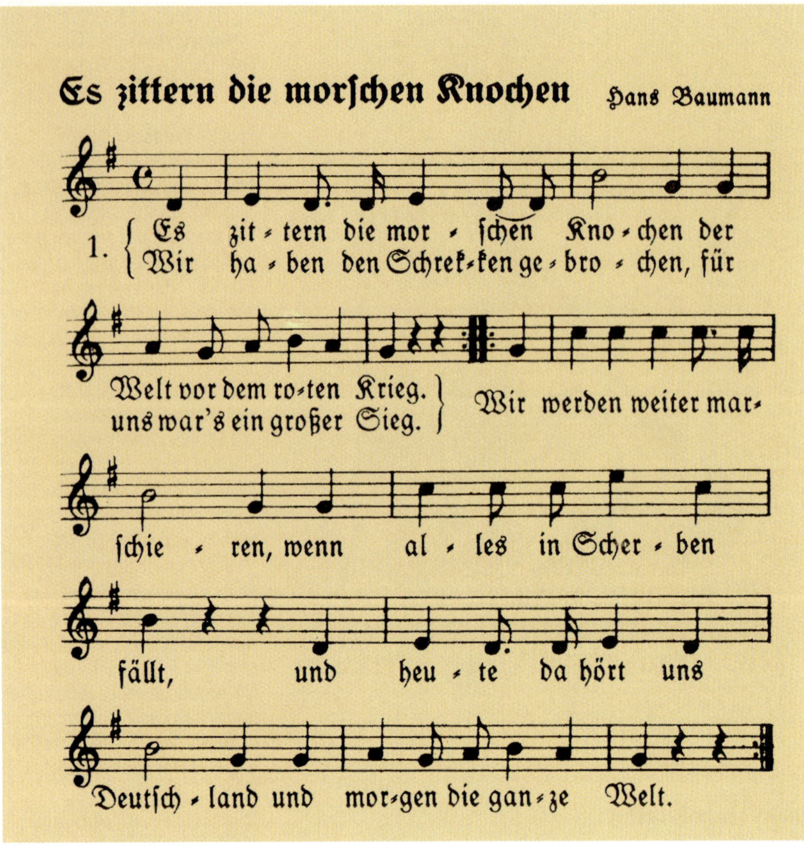

Es zittern die morschen Knochen

1. Es zittern die morschen Knochen der Welt vor dem roten Krieg.
Wir haben den Schrecken gebrochen, für uns war's ein großer Sieg.
Wir werden weiter marschieren,
wenn alles in Scherben fällt,
und heute da hört uns Deutschland
und morgen die ganze Welt.

2. Und liegt vom Kampfe in Trümmern
die ganze Welt zuhauf.
Das soll uns den Teufel kümmern,
wir bauen sie wieder auf.
Wir werden weiter …

3. Und mögen die Alten auch schelten,
so lasst sie nur toben und schrein,
und stemmen sich gegen uns Welten,
wir werden doch Sieger sein.
Wir werden weiter …

Hans Baumann 1932

✔ Das 1932 von dem 18-jährigen Hans Baumann eigentlich für eine katholische Jugendgruppe geschriebene Lied „Es zittern die morschen Knochen“ wurde schnell zu einem der beliebtesten HJ-Lieder. Warum? Gegen wen richtet sich der Text?
Die Zeile „und heute, da hört uns Deutschland“ wurde übrigens sehr bald umgedichtet in „und heute gehört uns Deutschland“.

✔ Analysieren Sie das Lied „Hohe Nacht der klaren Sterne“ (Text und Musik). Wie wird das christliche Weihnachten umgedeutet (Schlüsselwörter, Bilder)? Wo erinnert es an bekannte Kirchenlieder, welche musikalischen Anleihen gibt es (melodisch und harmonisch)?

Viele der neuen Lieder unter dem Nationalsozialismus stammten von Hans Baumann (1914– 1988). Er wurde als Sohn eines Berufssoldats in Amberg geboren, war kurze Zeit Dorfschullehrer und gab 1935 seine erste Liedersammlung heraus. Neben Liedern schrieb er auch Dramen.
Die Reichsjugendführung erkannte Hans Baumanns Talent und holte ihn nach Berlin. 1941 erhielt er – zusammen mit dem antisemitischen Literaturhistoriker Dr. Adolf Bartels – den Dietrich-Eckart-Preis der Hansestadt Hamburg als „hervorragendster Vertreter der jüngeren Dichtergeneration, der der Jugend des Führers eine große Anzahl von Liedern geschenkt habe“. (Hamburger Abendblatt vom 8.11.1941)
Nach 1945 distanzierte er sich von seiner Vergangenheit. Er schrieb neben weiteren Liedern zahlreiche Kinder- und Jugendbücher.

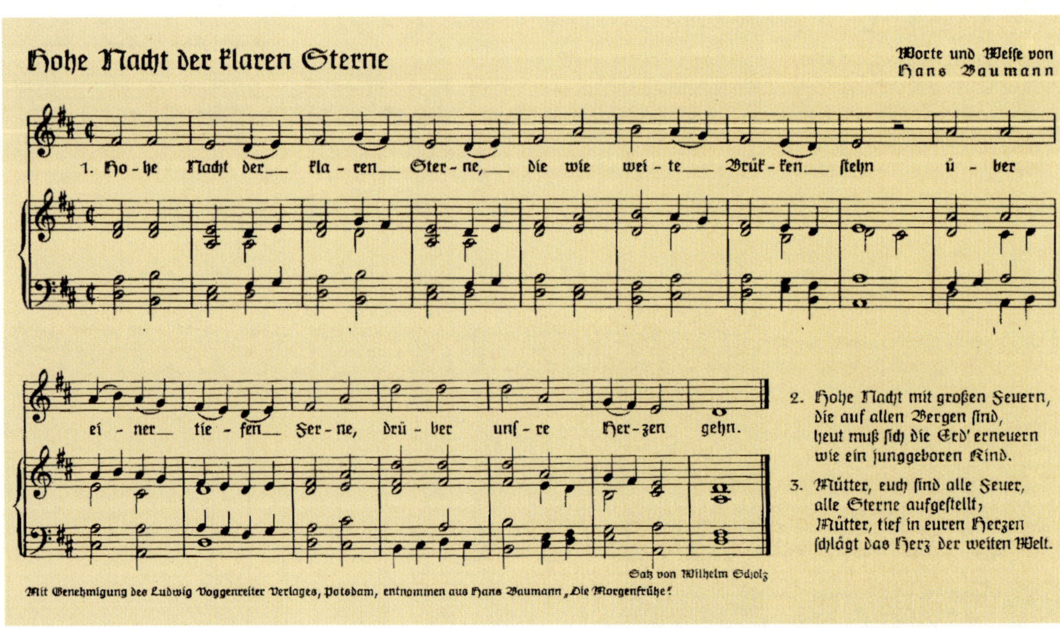

7

Vergleichen Sie damit die Fassung von Heino.

In den Jugendorganisationen HJ und BDM und auch in der Schule hatte das Lied einen hohen Stellenwert, manche nannten die Machtergreifung gar eine singende Revolution, die einen „Liederfrühling“ gebracht habe. Es wurde zwar alles mögliche gesungen: ältere und neuere Volkslieder, Lieder der einstigen Jugendbewegung; etwa ein Drittel der sogenannten Kernlieder in der Schule allerdings, in den oberen Klassen die Hälfte, war nationalsozialistisches Liedgut.

Im Mittelpunkt der Musikerziehung der Hitler-Jugend steht das Volkslied aller Zeiten. Da die Hitler-Jugend in erster Linie eine weltanschaulich-politische Organisation ist, steht hier im Vordergrund das neue Kampf- und Feierlied, in dem sich die Jugend zu der Weltanschauung Adolf Hitlers in Kundgebungen und Feierstunden bekennt.

Helmut Majewski 1941

Ebenso kündet unser Lied von unserer Weltanschauung und wirbt für sie (...) Eines unserer Lieder sagt dem Mädel oft mehr als ein guter Schulungsvortrag. Es appelliert an seinen Instinkt, erfasst es von der gefühls- und erlebnismäßigen Seite und lockert notwendig den Boden für die eigentliche Schulung.

BDM-Hauptreferentin Erna Bohlmann

Gestern zum ersten Mal im Dritten Reich ist die Weihnachtsbetrachtung der Zeitung gänzlich dechristianisiert. Großdeutsche Weihnacht – der deutschen Seele die Neugeburt des Lichtes, die Auferstehung des deutschen Reiches bedeutend. Der Jude Jesus und alles Geistliche und allgemein Menschliche ausgeschaltet.

Victor Klemperer, 25.12.1938

1939 kam ein neuer Erlass „Erziehung und Unterricht in der Volksschule“ heraus, in dem es hieß: „Das eigentliche Kirchenlied scheidet im Musikunterricht aus.“
Das Lied „Hohe Nacht der klaren Sterne“ gehörte wie auch „Die Fahne hoch“ zu den „Kernliedern für die Grundschule“.

8 Marschlied: „Es ist so schön Soldat zu sein“

15.1 Singende deutsche Soldaten im Frankreich-Feldzug 1940

1 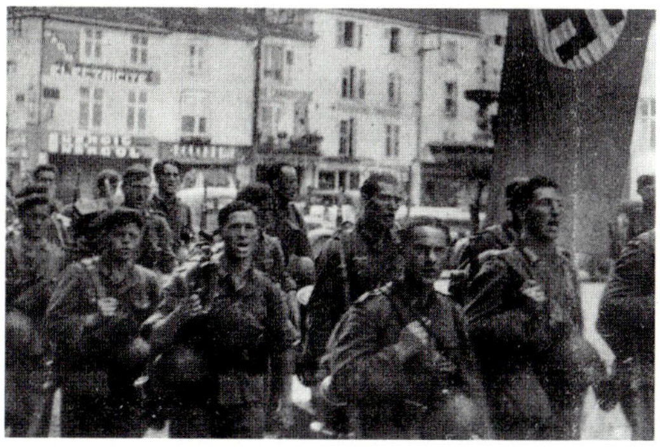

2 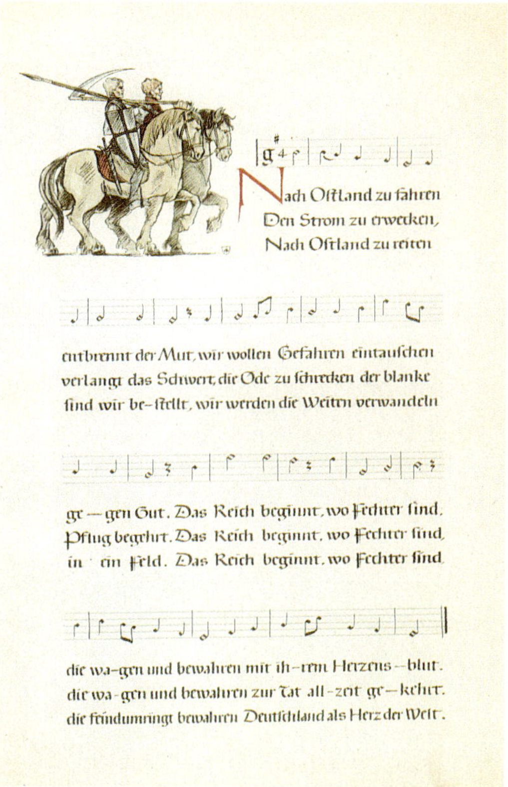

15.2 Hans Baumann: Nach Ostland zu fahren

Der braune Kult hat sich bestärkt in der Auseinandersetzung mit den christlichen Kirchen. Er hat sein Zeremoniell gebildet, indem er die ihm brauchbar scheinenden Riten entweder prinzipiell übernahm oder indem er sich gegen sie abschirmte und typische Antizeremonien schuf. (...) Er hatte scharf erkannt, dass das „Feierliche“ ein menschliches Grundbedürfnis ist (...) Notwendig gelangte man dabei zur Veränderung der christlichen Feste (...) Das deutsche Gemütsfest sollte die Züge des germanischen Jul zurückgewinnen.
(Hans-Jochen Gamm 1962)

Weitere vor 1945 entstandene Baumann-Lieder:
Der Mond hat leis gelacht
Die Weihnacht kommt gegangen
Es geht eine helle Flöte
Es schneit, was es nur schneien kann
Gute Nacht, Kameraden
Hast du dein Häubchen
Immer wandern zu den Sternen
Im Wald ist schon der helle Tag
In den Krieg will ich reiten
Ist eine Wiese zu mähen
Kamerad, gib mir die Hände
Kind, die Sterne gehen weit
Nur der Freiheit gehört unser Leben
So fröhlich wie der Morgenwind
Und die Morgenfrühe, das ist unsere Zeit
Unter Sternen ist gut schweigen
Von allen blauen Hügeln
Wandert alle Welt zu einem Stern
Wind von Acker und von Korn
Wir schauen stumm ins Morgenrot

Wurd ich so ein bisschen niedergeschlagen (...) dann hab ich immer automatisch Nazilieder gesungen (...) Das ist mir eine gute Medizin gewesen, (...) Wenn man unter den Nazis aufgebracht worden ist, dann bleiben diese Nazilieder noch für zwanzig, dreißig Jahre im Hirn.
(Tomi Ungerer 1981, elsässischer Zeichner)

✔ In der HJ und noch mehr beim BDM wurde viel und gerne gesungen. Welche Funktion hatte damals das Singen?
Gerade an das Singen erinnern sich viele, die dabei waren, besonders gerne. Warum? Fragen Sie nach.
Welche von diesen Baumann-Liedern kennen Sie, welche stehen in neueren Liederbüchern?

✔ Baumann-Lieder wurden nach dem Krieg in über 200 Liederbücher aufgenommen.
Es betrifft zentral das musikpolitische Geschäft, dass die verlagstüchtige Liedlobby (nach 1945) an vielen dieser Lieder festgehalten hat, ohne dass denen, die die Lieder singen, zu Bewusstsein gebracht worden wäre, welche Güter aus welcher Zeit da in ihre Herzen gepflanzt worden sind.
(Albrecht Riethmüller 1988)
Gibt es weitere Gründe für das Überleben vieler dieser Lieder?

Manchmal genügte eine kleine Änderung um ein Lied auch nach 1945 weiterverwenden zu können: Aus „In den Krieg will ich reiten“ wurde „In die Welt will ich reiten“. In der vierten Strophe desselben Liedes wurde aus „ ... komm ich wieder und bring dir ein silbernes Schwert“ „ ... komm ich wieder und bring dir mein Herz unversehrt“.

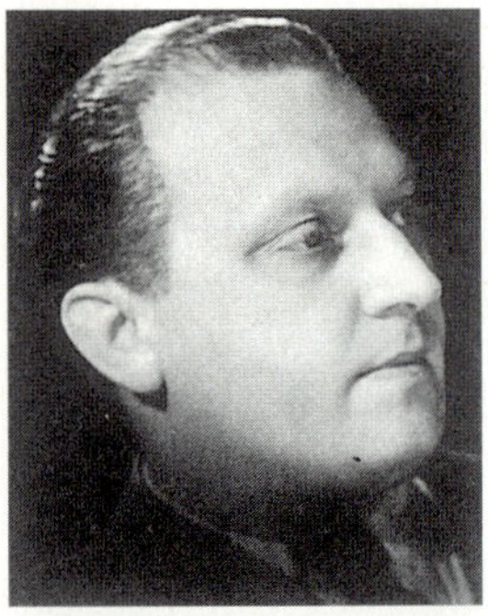

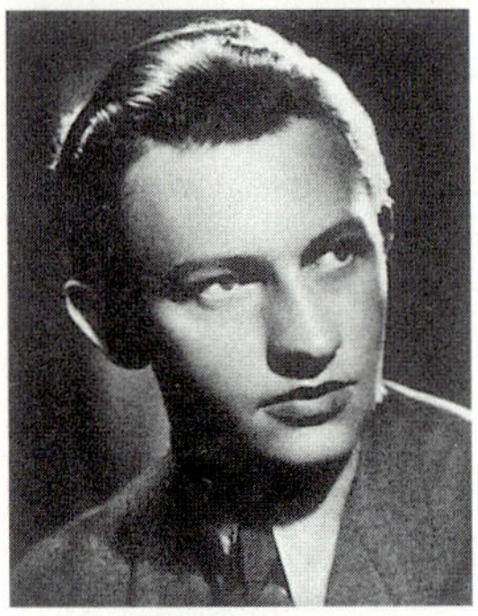

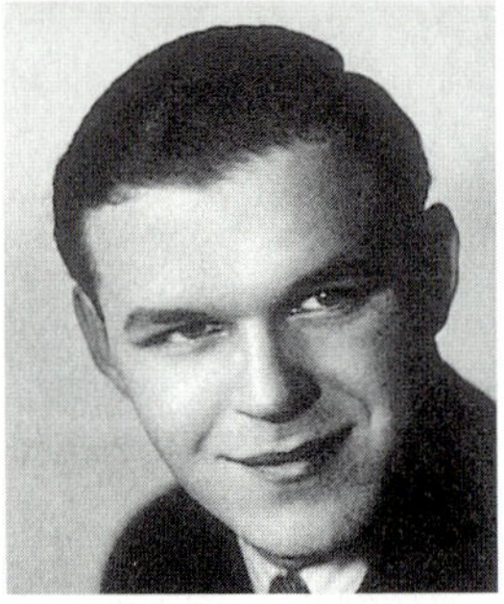

16.1 **Theo Mackeben, Michael Jary und Franz Grothe** waren drei der erfolgreichsten Filmkomponisten. Mackeben schrieb die Musik zu 52 Filmen; seine bekanntesten Schlager: „Die Nacht ist nicht allein zum Schlafen da", „Du hast Glück bei den Frau'n, Bel Ami" und „Nur nicht aus Liebe weinen". Michael Jary schrieb z.B. „Das kann doch einen Seemann nicht erschüttern", „Sing, Nachtigall, sing" und „Ich weiß, es wird einmal ein Wunder geschehn", Franz Grothe „Wenn ein junger Mann kommt" und „In der Nacht ist der Mensch nicht gern alleine".

9-15

✔ Hören Sie sich die Beispiele an und untersuchen Sie – neben den musikalischen Eigenschaften – die Texte. Welche Funktion hatten sie? Wie ändern sie sich im Verlauf des Krieges?

Schlager 1934 bis 1945

1934	Freunde, das Leben ist lebenswert (Hill)
1935	Auf der Heide blühn die letzten Rosen (Stolz)
1936	Ich wollt, ich wär ein Huhn (Kreuder) Sag beim Abschied leise Servus (Kreuder)
1937	Maske in blau (Raymond) Jawohl, meine Herrn, so habn wir es gern (Sommer/Rühmann)
1938	Erika (Herms Niel) Die Nacht ist nicht allein zum Schlafen da (Mackeben/Gründgens) Ich brech die Herzen der stolzesten Frau'n (Brühne/Rühmann) Lili Marleen (Schulze/Lale Andersen)
1939	Das kann doch einen Seemann nicht erschüttern (Jary/Rühmann)
1940	Einen Walzer für dich und für mich (Grothe) Bei dir war es immer so schön (Mackeben) Im Leben geht alles vorüber (Kreuder)
1941	Man müsste Klavier spielen können (Schröder) Sing, Nachtigall sing (Jary) Heimat, deine Sterne (Bochmann)
1942	Es geht alles vorüber (Raymond) Davon geht die Welt nicht unter (Jary/Zarah Leander) Ich weiß, es wird einmal ein Wunder geschehn (Jary/Zarah Leander) Wir machen Musik (Igelhoff u. Steimel/Ilse Werner)
1943	Ganz leis erklingt Musik (Dörflinger) Mit Musik geht alles besser (Bochmann) Kauf dir einen bunten Luftballon (Profes)
1944	La paloma (1865-Yradier/Hans Albers) Auf der Reeperbahn (1912-Yradier/Hans Albers)
1945	Ich weiß, dass ich dich lieben muss (Mackeben/Ilse Werner)

Der Schlager kam seit Ende der 20er-Jahre überwiegend aus dem Tonfilm, der in den 30er- und 40er-Jahren zu **dem** Massenmedium auf dem Gebiet der städtischen Unterhaltungsindustrie wurde. Singende Filmstars waren z. B. Zarah Leander, Marika Rökk, Ilse Werner, Willy Forst, Hans Albers oder Johannes Heesters.
Da der Film auch ein Devisen bringender Exportartikel war, wurde er nicht so drakonisch gleichgeschaltet wie Funk oder Theater. Mit dem Film blieb auch der Schlager auffallend zivil. Er war eher Zuckerbrot als Peitsche.
Je mehr er aus der harten Wirklichkeit in traumverlorene Seligkeiten entfleuchte, desto besser ließ sich mit ihm eine gemütvolle Liebesleid- und Lust-Idylle vortäuschen, die das wahre Gesicht Nazideutschlands hinter vielen sanften Molltönen geschickt verbarg.

(Monika Sperr 1978)

Die Nacht ist nicht allein zum Schlafen da,
die Nacht ist da, dass was gescheh.
Ein Schiff ist nicht nur für den Hafen da,
es muss hinaus, hinaus auf hohe See.

Berauscht euch, Freunde, trinkt und liebt und lacht
und lebt den schönsten Augenblick.
Die Nacht, die man in einem Rausch verbracht,
bedeutet Seligkeit und Glück.
(Aus dem Film „Tanz auf dem Vulkan",
Musik: Theo Mackeben 1938,
Text: Hesse/Beckmann)

Im Leben geht alles vorüber,
auch das Glück, doch zum Glück auch das Leid!
Erst weinst du, dann lachst du darüber,
und zum Schluss wird aus Leid Seligkeit ...
Im Leben geht alles vorüber.
Nütz die Zeit, lass uns heut glücklich sein.
(Musik: Peter Kreuder 1940,
Text: Peter Schaeffers)

Heimat, deine Sterne,
sie strahlen mir auch am fernen Ort.
Was sie sagen, deute ich ja so gerne
als der Liebe zärtliches Losungswort.
Schöne Abendstunde,
der Himmel ist wie ein Diamant.
Tausend Sterne stehen in weiter Runde,
von der Liebsten freundlich mir zugesandt.
In der Ferne träum ich vom Heimatland.
(Musik: Werner Bochmann 1941,
Text: Erich Knauf, hingerichtet am 2.5.1944)

Es geht alles vorüber,
es geht alles vorbei!
Auf jeden Dezember
folgt wieder ein Mai!
(Musik: Fred Raymond 1942,
Text: Kurt Feltz/Max Wallner)

Parodie auf diesen Schlager:
Es geht alles vorüber,
es geht alles vorbei
und auch Adolf Hitler
und seine Partei.

Ich weiß, es wird einmal ein Wunder geschehn,
und dann werden tausend Märchen wahr.
Ich weiß, so schnell kann keine Liebe vergehn,
die so groß ist und so wunderbar.
(Musik: Michael Jary 1942,
Text: Bruno Balz,
als Homosexueller 1936 in Haft)

Mit Musik geht alles besser,
mit Musik fällt alles leicht,
ob man die Trompete schmettert
oder Bass und Fiedel streicht.
(Musik: Werner Bochmann 1943,
Text: Erich Knauf)

16 Deutschsprachiges Programm der BBC:
Parodie auf „Lili Marleen"

1
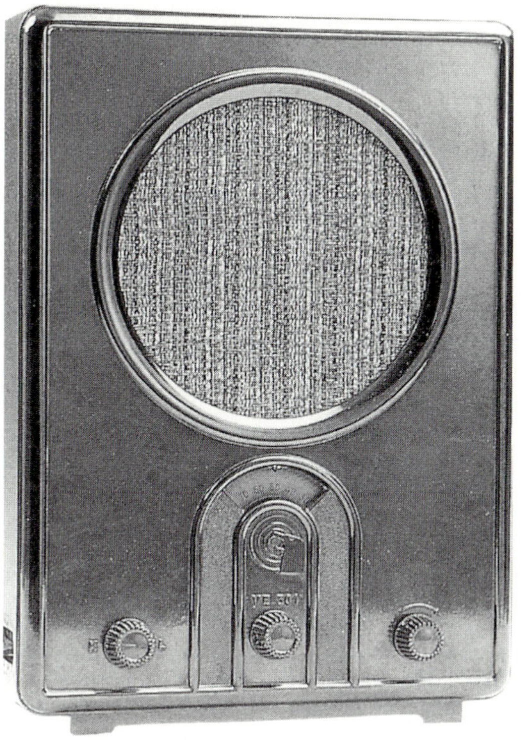

2
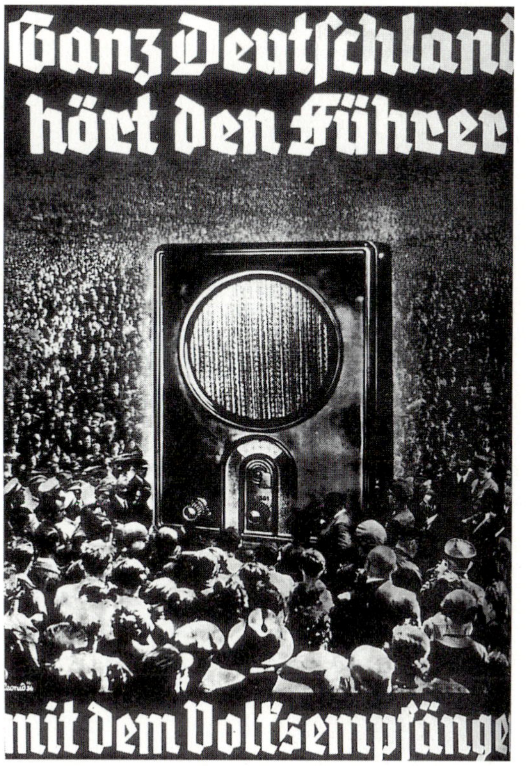

3
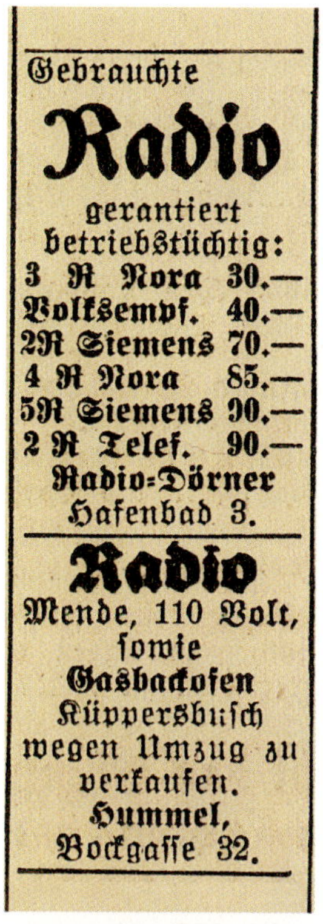

Gebrauchte
Radio
garantiert
betriebstüchtig:
3 R Nora 30.—
Volksempf. 40.—
2R Siemens 70.—
4 R Nora 85.—
5R Siemens 90.—
2 R Telef. 90.—
Radio-Dörner
Hafenbad 3.

Radio
Mende, 110 Volt,
sowie
Gasbackofen
Küppersbusch
wegen Umzug zu
verkaufen.
Hummel,
Bockgasse 32.

4
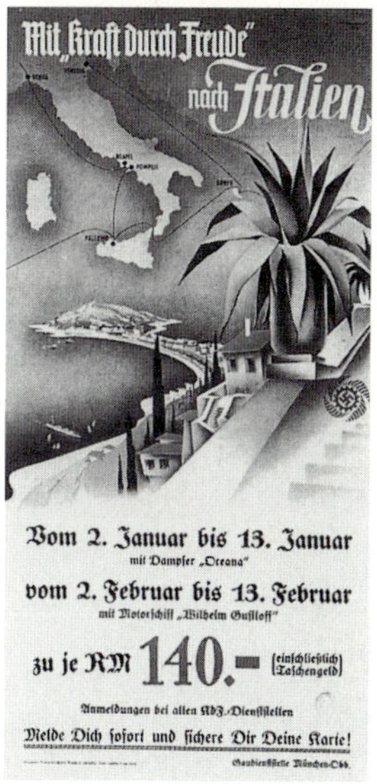

Bei den kompakten Radiogeräten seit Ende der 20er-Jahre waren Empfänger und Lautsprecher in einem Gehäuse, dessen Entwurf von 1928 Verwendung von Edelholzfurnier vorsah.
Der am 18. August 1933 auf der Berliner Funkausstellung vorgestellte Volksempfänger hatte ein Gehäuse aus Bakelit, ein nicht devisenbelasteter Werkstoff; seine Verwendung brachte den Aufschwung der Kunststoffindustrie.
Das Gerät kostete RM 76,– und konnte auch in achtzehn Monatsraten zu RM 4,40 abgezahlt werden – die einzige Möglichkeit des Erwerbs bei niedrigen Löhnen. Das entsprach der Vorstellung des Reichspropagandaministeriums: „Rundfunk in jedes Haus“. Es konnten jedoch nur lokale Sender empfangen werden.

Bereits im August 1933 waren mit einem großen Reklamefeldzug die ersten 100 000 Volksempfänger verkauft. Der Preis wurde bald auf RM 65,– in achtzehn Monatsraten, 1937 auf RM 59,– in fünfzehn Monatsraten gesenkt.

Ab 1933 wurde der VE-301W (Erinnerung an den Tag der Machtergreifung 30.1.1933) mit staatlichen Subventionen produziert; die Firmen verzichteten auf den Profit. Der Verkauf von 5000 Geräten erbrachte einen Gewinn von RM 1,62 pro Gerät. Bis 1943 wurden über 4,3 Mio. Volksempfänger (VE) in sechs verschiedenen Designversionen verkauft.

Aus elf selbstständigen Rundfunkgesellschaften wurde nach 1933 ein dem Reichsministerium für Volksaufklärung und Propaganda unterstellter Rundfunk.

Die Zahl der Rundfunkteilnehmer erhöhte sich bis 1938 auf 10,8 Millionen.
Nach der Zerschlagung von Parteien und Gewerkschaften wurde die „Deutsche Arbeitsfront“ (DAF) organisiert. Statt Arbeitskampf und Klassenkampf sollte nun „nationaler Arbeitsfriede“ die Arbeiterschaft in die NS-Volksgemeinschaft einbinden, u. a. durch die KdF-Bewegung (Kraft durch Freude).
Ein vielseitiges Freizeitangebot für die Massen (Reisen, Konzerte, Theater) sollte alle Lebensbereiche umfassen und zugleich ideologische Einflussnahme und Schulung ermöglichen. (Vgl. KdF-Tourismus-Plakat, Abb. 6.1 oder Rügen, Prora „Das Bad für 20 000“, Abb. 7.3)

Auf dringendstes Ersuchen aller militärischen Dienststellen vom OKW bis zu unseren Luftgeschwadern, auch aus Kreisen unserer arbeitenden Bevölkerung, deren ganze Nervenkraft durch des Tages Last und Mühe in Anspruch genommen wird, sieht sich der deutsche Rundfunk nunmehr veranlasst, für die Sommermonate sein Abendprogramm auf Heiterkeit, Entspannung und Unterhaltung umzustellen.

Goebbels: Richtlinie für den Großdeutschen Rundfunk 1941

Wir gebrauchen zum Kriegführen ein Volk, das sich seine gute Laune bewahrt.

Joseph Goebbels

17.1 Der Volksempfänger VE 301 W, 1933

17.2 Plakat von 1936

17.3 „Radio, garantiert betriebstüchtig“ Ulmer-Sturm-Kleinanzeigen Rubrik Verkäufe Ulmer Sturm, Nr. 207, 5.9.1936

17.4 Plakat: Mit KdF nach Italien

✔ „Rundfunk in jedes Haus“ – Formulieren Sie Gründe für diese Parole.

1
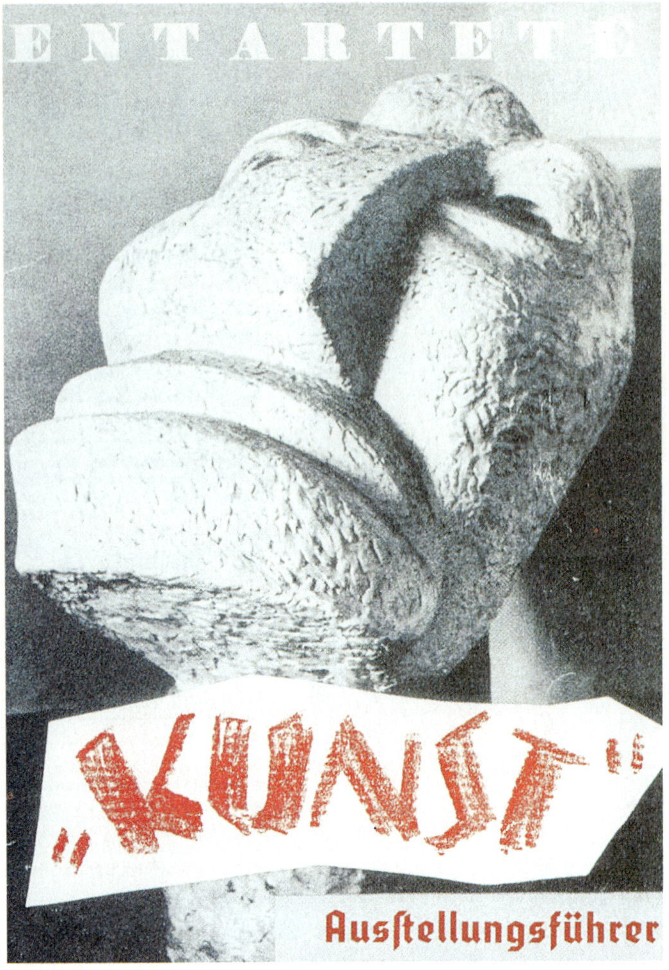

Wir lieben den Wohlklang eines gut gespielten Instrumentes und alle „amerikanischen" Mätzchen sind uns wesensfremd. Der feine, singende, schwingende Ton einer gut gespielten Geige, beispielsweise im langsamen Walzer, ist tausendmal schöner als das gepresste Genäsel einer gestopften Trompete. Eine Posaune, in einen Hut oder durch einen Schalltrichter geblasen, führt zu einer unnötigen, durch nichts zu rechtfertigenden Verzerrung des Klangcharakters. Wir sind auch nicht engherzig genug um das Saxofon (...) als „Negerinstrument" bei den Tänzen abzulehnen, zu denen es passt, stimmen jedoch mit allen Gegnern überein, für die das Gedudel und Gequietsche in den höheren Lagen des Instruments ein Gräuel ist. (...) „Zerbrechung" der Melodie, die dann als „Variation des gegebenen Themas" begründet wird, ist überflüssig.

Reinhold Sonner 1936

Frick (s. S. 32) hatte sich bereits während seiner Amtszeit als Minister für Inneres und Volksbildung im Landesparlament von Thüringen (1930), der ersten bürgerlich-nationalsozialistischen Koalition überhaupt, zusammen mit dem Architekten Paul. A. Schultze-Naumburg einen Namen als Verfolger moderner Kunst gemacht. Zwei Monate (30. März) nach seinem Amtsantritt ließ er ein Gesetz verabschieden, das dem „Kampf gegen marxistische Verelendung" auf kulturellem Gebiet dienen sollte. Nach dem „Erlass wider die Negerkultur – für deutsches Volkstum" sollten alle Kunstwerke, die „als Schandmale einer undeutschen Negerkultur" zu qualifizieren seien, entfernt werden. Daraufhin wurden im Weimarer Schlossmuseum alle Gemälde, Zeichnungen und Plastiken von Dix, Feininger, Kandinsky, Klee, Kokoschka, Lehmbruck, Marc, Nolde u.a. in die Depots verbannt und im ehemaligen Bauhaus die Übertünchung der Wandgemälde von Oskar Schlemmer veranlasst.

(Jürgen Harten u. a. 1987)

Gesetz über Einziehung von Erzeugnissen entarteter Kunst
Vom 31. Mai 1938

Die Reichsregierung hat das folgende Gesetz beschlossen, das hiermit verkündet wird:

§1
Die Erzeugnisse entarteter Kunst, die vor dem Inkrafttreten dieses Gesetzes in Museen oder der Öffentlichkeit zugänglichen Sammlungen sichergestellt und von einer vom Führer und Reichskanzler bestimmten Stelle als Erzeugnisse entarteter Kunst festgestellt sind, können ohne Entschädigung zu Gunsten des Reichs eingezogen werden, soweit sie bei der Sicherstellung im Eigentum von Reichsangehörigen oder inländischen juristischen Personen standen.

§2
(1) Die Einziehung ordnet der Führer und Reichskanzler an. Er trifft die Verfügung über die in das Eigentum des Reichs übergehenden Gegenstände. Er kann die im Satz 1 und 2 bestimmten Befugnisse auf andere Stellen übertragen.
(2) In besonderen Fällen können Maßnahmen zum Ausgleich von Härten getroffen werden.

§3
Der Reichsminister für Volksaufklärung und Propaganda erlässt im Einvernehmen mit den beteiligten Reichsministern die zur Durchführung dieses Gesetzes erforderlichen Rechts- und Verwaltungsvorschriften.

Berlin, den 31. Mai 1938

Der Führer und Reichskanzler
Adolf Hitler

Der Reichsminister für Volksaufklärung und Propaganda
Dr. Goebbels

18.1 Ausstellungsführer „Entartete Kunst" (Titelseite), 1937
(Unter Verwendung der Gips-Skulptur von Otto Freundlich: Der neue Mensch, 1912)

18.2 Eintrittskarte „Entartete Kunst", Düsseldorf 1938

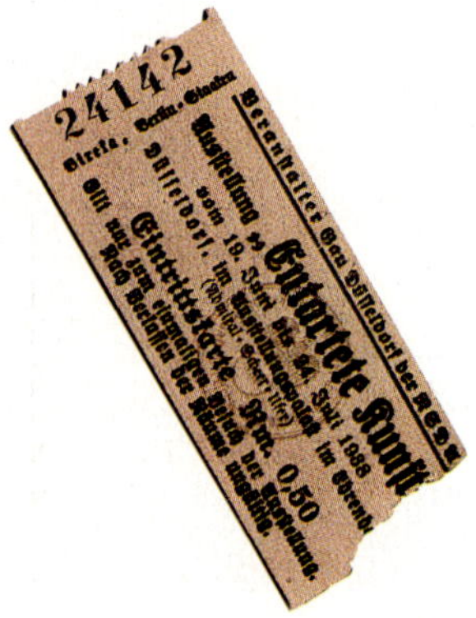

2

1 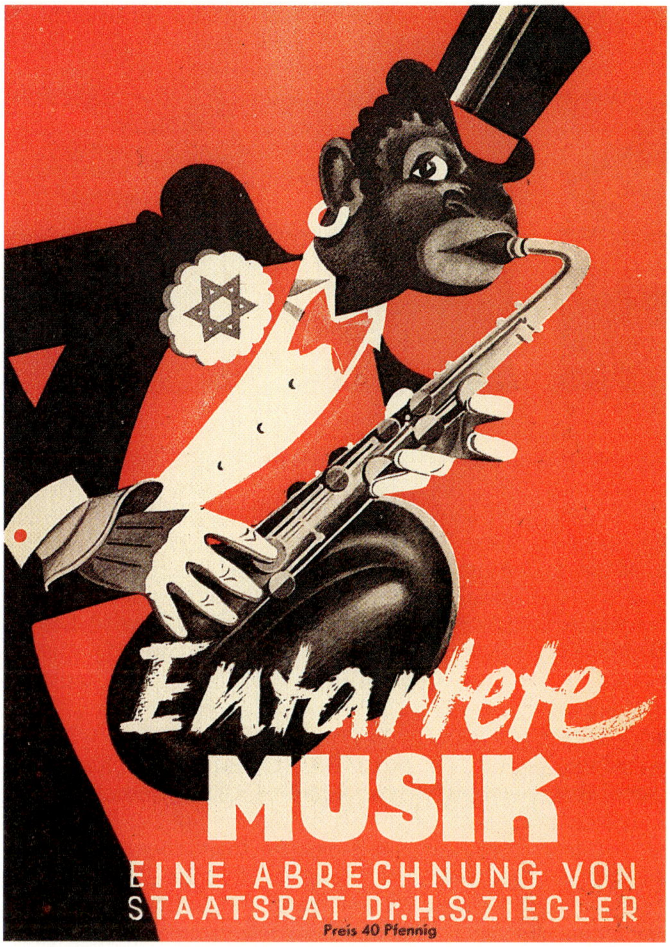

19.1 Entartete Musik (Titelseite), Ludwig Tersch, 1938

2 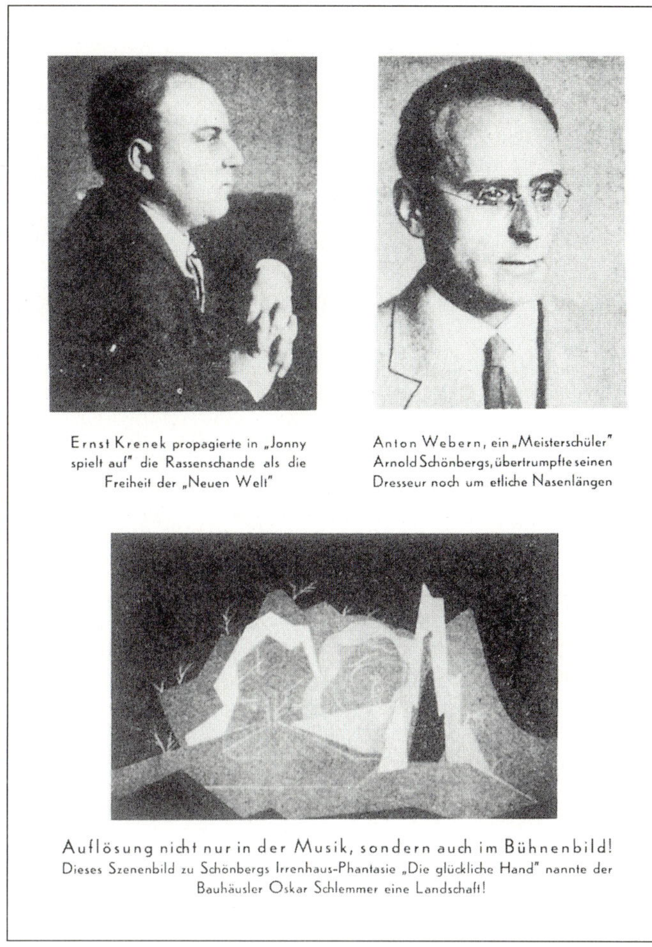

19.2 aus: Hans Severus Ziegler: Entartete Musik, 1938

Was in der Ausstellung Entartete Musik zusammengetragen ist, stellt das Abbild eines wahren Hexensabbaths und des frivolsten geistig-künstlerischen Kulturbolschewismus dar und ein Abbild des Triumphes von Untermenschentum, arroganter jüdischer Frechheit und völliger geistiger Vertrottelung, wobei ich aber gleichzeitig nicht umhin kann, wenigstens andeutungsweise auch die Nachwirkungen aufzuzeigen, die im heutigen Musikleben noch immer zu finden, wenn auch allmählich zu verschwinden im Begriff sind. (...)
Ich bekenne mich mit einer Reihe führender musikalischer Fachmänner und Kulturpolitiker zu der Anschauung, dass die Atonalität als Ergebnis der Zerstörung der Tonalität Entartung und Kulturbolschewismus bedeutet. Da die Atonalität zudem ihre Grundlage in der Harmonielehre des Juden Arnold Schönberg hat, so erkläre ich sie für das Produkt jüdischen Geistes. Wer von ihm isst, stirbt daran. Wer in die Schule Beethovens geht, kann unmöglich über die Schwelle der Werkstatt Schönbergs finden, wer sich aber länger in dieser Werkstatt aufgehalten hat, verliert notwendigerweise das Gefühl für die Reinheit des deutschen Genies Beethoven.

Hans Severus Ziegler,
Initiator der Ausstellung „Entartete Musik", 1938

Das ganze Kunst- und Kulturgestotter von Kubisten, Futuristen, Dadaisten usw. ist weder rassisch begründet noch volklich erträglich. Es ist höchstens als Ausdruck einer Weltanschauung zu werten, die von sich selber zugibt, dass die Auflösung aller bestehenden Begriffe, aller Völker und Rassen, ihre Vermischung und Verpanschung höchstes Ziel ihrer intellektuellen Urheber und Führergilde ist. Mit der angeborenen naiven Unbekümmertheit versucht diese kulturelle Ergänzung der politischen Destruktion, als ob nichts geschehen wäre, den neuen Staat mit ihrer Steinzeitkultur zu beglücken.

Adolf Hitler: Nürnberger Reichsparteitag, 1934 17

3 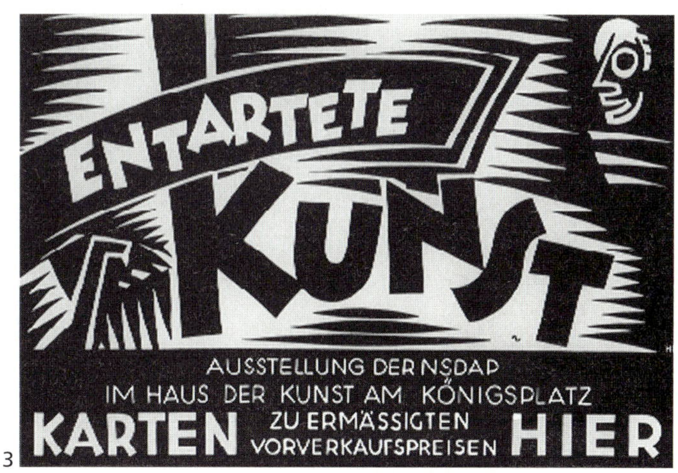

19.3 Plakat zur Ausstellung „Entartete Kunst", Berlin 1938

1
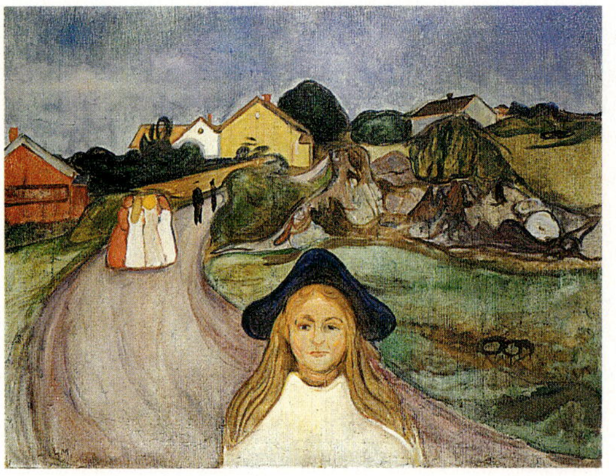

20.1 Edvard Munch (1863-1944): Die Straße in Asgardstrand, 1902
Öl auf Leinwand, 88,5 x 114 cm
Kunstmuseum Basel (ausgestellt: Karlsruhe 8.4.1933, 1934 nach Basel verkauft)

2
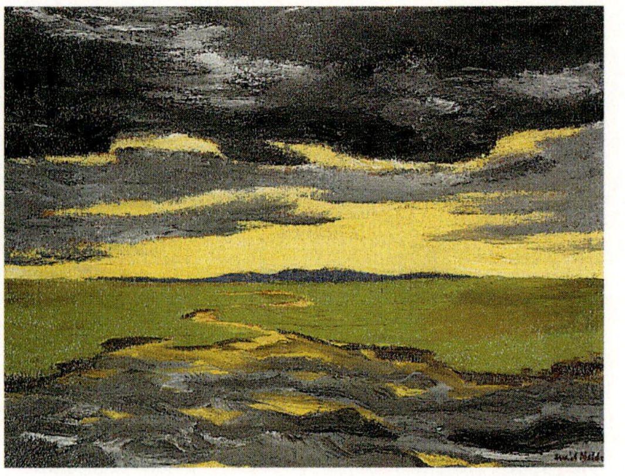

20.2 Emil Nolde (1867-1956): Marschlandschaft, Vorabend, 1916
Öl auf Leinwand, 73 x 100 cm
Kunstmuseum Basel (ausgestellt Mannheim, 4.4.1933; beschlagnahmt am 8.7.1937; „Entartete Kunst“ 1937; „Verwertung“ durch die Galerie Buchholz, Berlin)

Öffentliche Diffamierungskampagnen

Die öffentliche Diffamierung von Kunst und Künstlern der Avantgarde und Angriffe gegen Ausstellungen und Sammlungen moderner Kunst bahnten sich schon in den 20er Jahren an:

– Die „Deutsche Kunstgesellschaft“, gegründet 1920 in Weimar, kämpfte gegen die „Verrottung der Kunst“ und für eine „rein deutsche“ Kunst. 1930 entstand unter ihrer Führung der „Führer-Rat der Vereinigten Deutschen Kunst- und Kulturverbände“. NS-Jugend- und Studentenverbände, Turn- und Sängerbünde, insgesamt siebzehn Verbände, traten ihm bei; er hatte 250 000 Mitglieder. In seiner Zeitschrift „Deutsche Bildkunst“ schrieben unter anderem ein Rasseforscher, der Vorsitzende des „Kampfbundes“ Rosenberg (siehe unten), der Architekt und Maler Schultze-Naumburg (s. S. 18) und der Karlsruher Akademieprofessor Ziegler (s. S. 23).

– Seit 1927 formierte sich unter Alfred Rosenberg eine Vereinigung, die sich ab 1929 „Kampfbund für deutsche Kultur“ nannte und die von der NSDAP abhängig war.

– Herbst 1933 – Gleichschaltung der Kontrolle des Kulturwesens: Fachkammern für Schrifttum, Presse, Rundfunk, Theater, Musik, Bildende Künste. Oberste Instanz war die Reichskulturkammer, zu deren Präsident sich Joseph Goebbels gemacht hatte. Nach der Machtergreifung: Eingriffe in die Museumsarbeit und Inszenierung von „Gräuelausstellungen“ und „Schreckenskammern“.

Die Berliner Börsenzeitung schrieb am 12.4.1933: „Nie hatten in Mannheim und Karlsruhe Ausstellungen solchen Besuch wie diese Schreckenskammern.“

4.4. bis 5.6.1933 – Mannheim: „Kulturbolschewistische Bilder“ (20 141 Besucher)

Ein Zeitzeuge berichtete später, dass gleich nach der Machtergreifung der damalige Museumsdirektor abgesetzt worden sei und dass der Kulturbeauftragte der NSDAP, der Telegraphensekretär Gebele von Waldstein, mit bewaffneten SS-Leuten die Kunsthalle besetzt, ihre kommissarische Leitung übernommen und diese erste Schandausstellung inszeniert habe. Parallel zu ihr wurde ein Schauraum, ein „Musterkabinett“ mit „positiven Beispielen“ installiert. Etwa die Hälfte der diffamierten Bilder waren ab 26. Juni in einer „Entarteten“-Ausstellung des Münchner Kunstvereins zu sehen. Fast alle Mannheimer Bilder wurden 1937 beschlagnahmt.

3
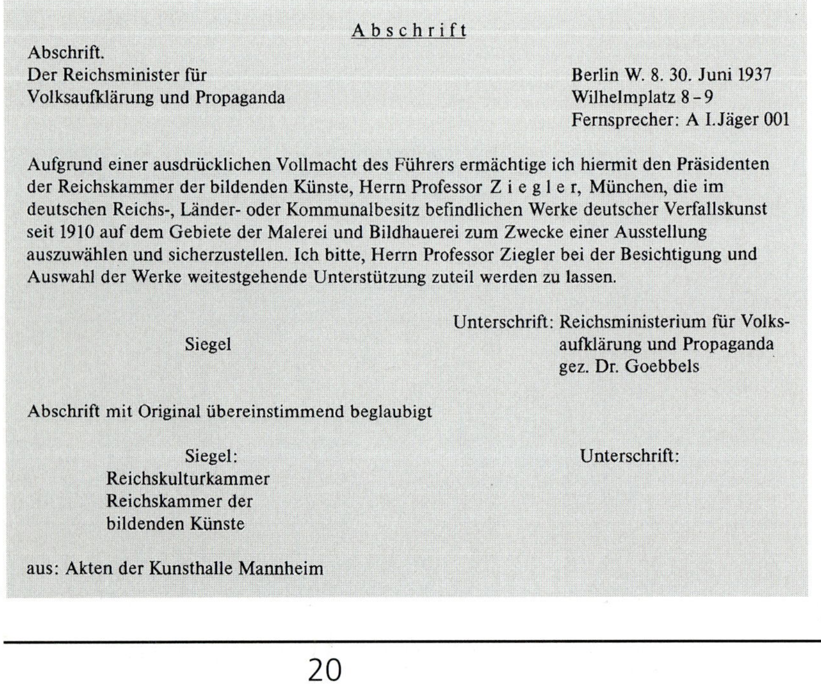

A b s c h r i f t

Abschrift.
Der Reichsminister für
Volksaufklärung und Propaganda

Berlin W. 8. 30. Juni 1937
Wilhelmplatz 8-9
Fernsprecher: A I.Jäger 001

Aufgrund einer ausdrücklichen Vollmacht des Führers ermächtige ich hiermit den Präsidenten der Reichskammer der bildenden Künste, Herrn Professor Z i e g l e r, München, die im deutschen Reichs-, Länder- oder Kommunalbesitz befindlichen Werke deutscher Verfallskunst seit 1910 auf dem Gebiete der Malerei und Bildhauerei zum Zwecke einer Ausstellung auszuwählen und sicherzustellen. Ich bitte, Herrn Professor Ziegler bei der Besichtigung und Auswahl der Werke weitestgehende Unterstützung zuteil werden zu lassen.

Siegel

Unterschrift: Reichsministerium für Volksaufklärung und Propaganda
gez. Dr. Goebbels

Abschrift mit Original übereinstimmend beglaubigt

Siegel:
Reichskulturkammer
Reichskammer der
bildenden Künste

Unterschrift:

aus: Akten der Kunsthalle Mannheim

20.3 Ermächtigung zum Bildersturm, 1937

4
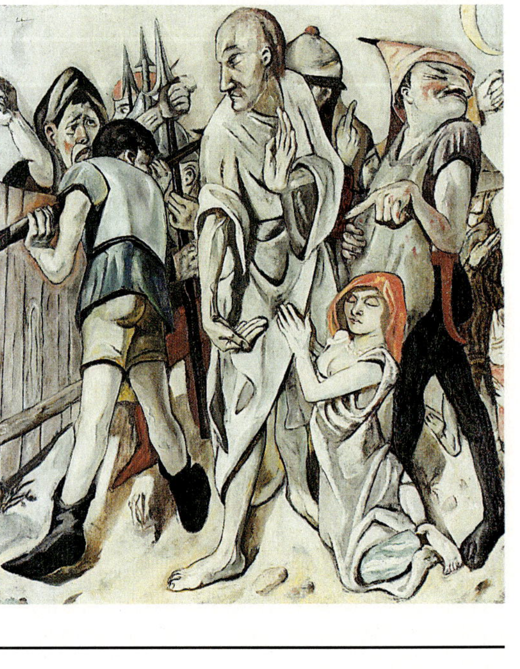

20.4 Max Beckmann (1884-1950): Christus und die Sünderin, 1917
Öl auf Leinwand, 150 x 128 cm
Saint Louis Art Museum (ausgestellt Mannheim 4.4.1933; Beschlagnahme 8.7.1937; „Entartete Kunst“, München 1937; Buchholz Gallery New York, um 1939

Pressenotiz von der „kommissarischen Verwaltung der Städtischen Kunsthalle“:
Die Ausstellung soll den Abgrund zeigen, an den wir getrieben wurden. Sie soll erzieherisch wirken durch den Schrecken vor der Zerstörung unseres Kunstwesens und durch allmähliche Zurück- und Hinleitung zu den alten deutschen Kunstidealen der Ordnung, der plastischen Gestaltung, der Farbenschönheit, der maltechnischen Gediegenheit, der freien Raumbildung oder Flächenaufteilung, der Gesetzlichkeit im Bildschaffen, nicht zu der willkürlichen Anarchie, nicht zu der naturwidrigen Gestaltslosigkeit (...)

Neue Mannheimer Zeitung, 13. April 1933

8.4. bis 30.4.1933 – Karlsruhe: „Regierungskunst 1919-1933“

1 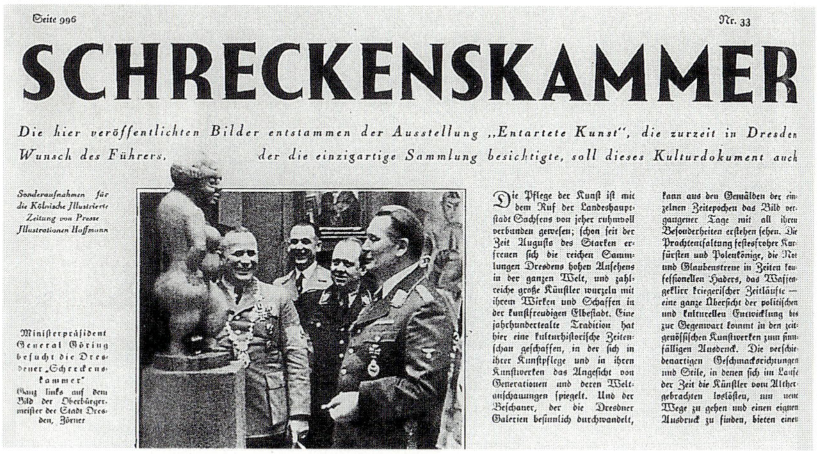

Seite 996 Nr. 33

SCHRECKENSKAMMER

Die hier veröffentlichten Bilder entstammen der Ausstellung „Entartete Kunst“, die zurzeit in Dresden
Wunsch des Führers, der die einzigartige Sammlung besichtigte, soll dieses Kulturdokument auch

Sonderaufnahmen für die Kölnische Illustrierte Zeitung von Presse Illustrationen Hoffmann

Ministerpräsident General Göring besucht die Dresdener „Schreckenskammer“
Ganz links auf dem Bild der Oberbürgermeister der Stadt Dresden, Zörner

Die Pflege der Kunst ist mit dem Ruf der Landeshauptstadt Sachsens von jeher ruhmvoll verbunden gewesen; schon seit der Zeit Augusts des Starken erfreuen sich die reichen Sammlungen Dresdens hohen Ansehens in der ganzen Welt, und zahlreiche große Künstler wurzeln mit ihrem Wirken und Schaffen in der kunstfreudigen Elbestadt. Eine jahrhundertealte Tradition hat hier eine kulturhistorische Zeitenschau geschaffen, in der sich in ihrer Kunstpflege und in ihren Kunstwerken das Angesicht von Generationen und deren Weltanschauungen spiegelt. Und der Beschauer, der die Dresdner Galerien besinnlich durchwandelt, kann aus den Gemälden der einzelnen Zeitepochen das Bild vergangener Tage mit all ihren Besonderheiten erstehen sehen. Die Prachtentfaltung festesfroher Kurfürsten und Polenkönige, die Not und Glaubenstreue in Zeiten konfessionellen Haders, das Waffengeklirr kriegerischer Zeitläufte – eine ganze Übersicht der politischen und kulturellen Entwicklung bis zur Gegenwart kommt in den zeitgenössischen Kunstwerken zum sinnfälligen Ausdruck. Die verschiedenartigen Geschmacksrichtungen und Stile, in denen sich im Laufe der Zeit die Künstler vom Althergebrachten loslösten, um neue Wege zu gehen und einen eignen Ausdruck zu finden, bieten einen

21.1 Kölnische Illustrierte Zeitung, 17. August 1935: „Schreckenskammer“

Wie in Mannheim war die „Zusammenstellung krankhafter und bolschewistischer Werke“ zugleich als Anprangerung der Ankaufspolitik der Museumsdirektoren während der Weimarer Zeit gedacht. Die Bilder wurden mit Datum und Preis des Ankaufs und den Namen der dafür Verantwortlichen versehen. Die zum Teil hohen Inflationssummen waren dabei nicht in aktuelle Währung umgerechnet worden.
Der Besuch des grafischen Kabinetts mit 79 Zeichnungen, Aquarellen und Grafiken war für Jugendliche unter achtzehn Jahren verboten. In einem besonderen Kabinett wurden als obszön gebrandmarkte Blätter Besuchern auf Wunsch von einem Aufseher vorgeführt.
Die Karlsruher Ausstellung wurde Vorbild für weitere „Schandausstellungen“. Organisator der Ausstellung war der Maler Hans Adolf Bühler, seit 1914 Professor und seit 1932 Direktor der Karlsruher Landeskunstschule (heute Akademie), Kriegsmaler im 1. Weltkrieg, 1930 Gründungsmitglied der Karlsruher Ortsgruppe des „Kampfbundes“, seit 1933 im Vorstand des Badischen Kunstvereins und weiterer kulturpolitischer Organisationen. Als Maler war er für seine „deutschen“ Bilder bekannt und geschätzt.

Die Reihe der „Schreckenskammern“ bis zur „Entarteten Kunst“, 1937

1933 Nürnberg, Galerie am Königstor/Kunstsammlung der Stadt Nürnberg: „Schreckenskammer der Kunst“
Dessau, Schlossmuseum
Stuttgart, Kronprinzenbau, Juni 1933: „Novembergeist – Kunst im Dienste der Zersetzung“, diese Ausstellung ging später nach **Bielefeld**
Chemnitz, Städtische Kunstsammlung: „Kunst, die nicht aus unserer Seele kam“
Dresden, Lichthof des Dresdener Rathauses, ab September 1933: „Spiegelbilder des Verfalls in der Kunst“. Diese Schau wurde im September 1935 auf dem Parteitag in **Nürnberg** und in den folgenden Jahren als Wanderausstellung in verschiedenen deutschen Städten gezeigt – dies auf besonderen Wunsch Hitlers, der sie mit Göring zusammen besichtigt hatte.
Breslau, im Stil von Karlsruhe: „Kunst der Geistesrichtung 1918-1933“, Erste sog. „Antikomintern-Ausstellung“

1934 Chemnitz: „Mitteldeutsche Heimat im Bilde. Kunst und Kitsch“ (Kitsch war im NS-Verständnis „entartete“ Kunst.)

1935 Im November Schreckenskammern in **Dortmund**, **Halle** und **Dresden**

1936 München, März, Weißer Saal der Polizeidirektion: Stationen der Dresdener Ausstellung von 1933: „Entartete Kunst“. Danach in **Darmstadt**
München, November/Dezember, Bibliothek des Deutschen Museums: Zweite „Antikomintern-Ausstellung“

§ 1: Der Reichsminister für Volksaufklärung und Propaganda wird beauftragt und ermächtigt die Angehörigen der Tätigkeitszweige, die seinen Aufgabenkreis betreffen, in Körperschaften des öffentlichen Rechts zusammenzufassen.
§ 2: Gemäß § 1 werden errichtet: 1. eine Reichsschrifttumskammer, 2. eine Reichspressekammer, 3. eine Reichsrundfunkkammer, 4. eine Reichstheaterkammer, 5. eine Reichsmusikkammer, 6. eine Reichskammer der bildenden Künste.

Reichskulturkammergesetz (Auszug), 22. 9.1933

2 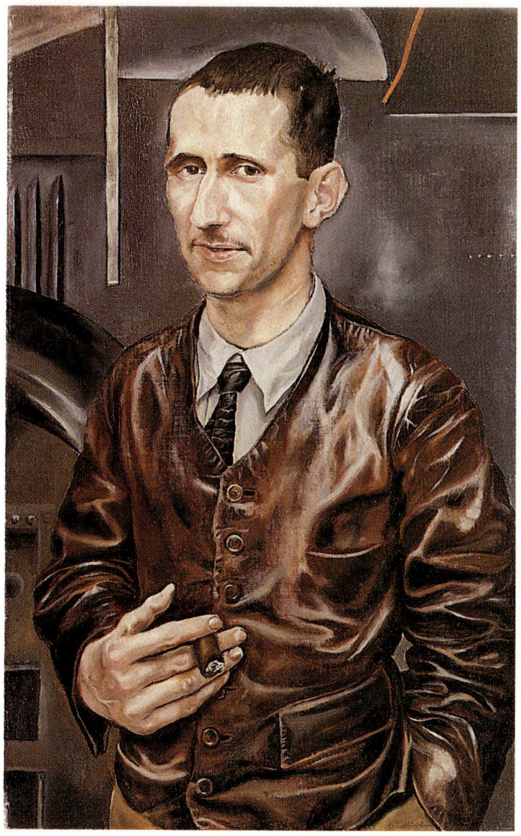

21.2 Rudolf Schlichter (1890-1955): Bert Brecht mit Zigarre, 1926
Öl auf Leinwand, 75,5 x 46 cm
Städt. Galerie im Lenbachhaus, München (ausgestellt Karlsruhe 8.4.1933; beschlagnahmt 1937)

Die Ausstellung wurde zusammengestellt von der Reichspropagandaleitung, Amtsleitung Kultur. Sie wird in allen größeren Städten aller Gaue gezeigt werden. (...)

Aus dem Vorwort des „Führer durch die Ausstellung Entartete Kunst“

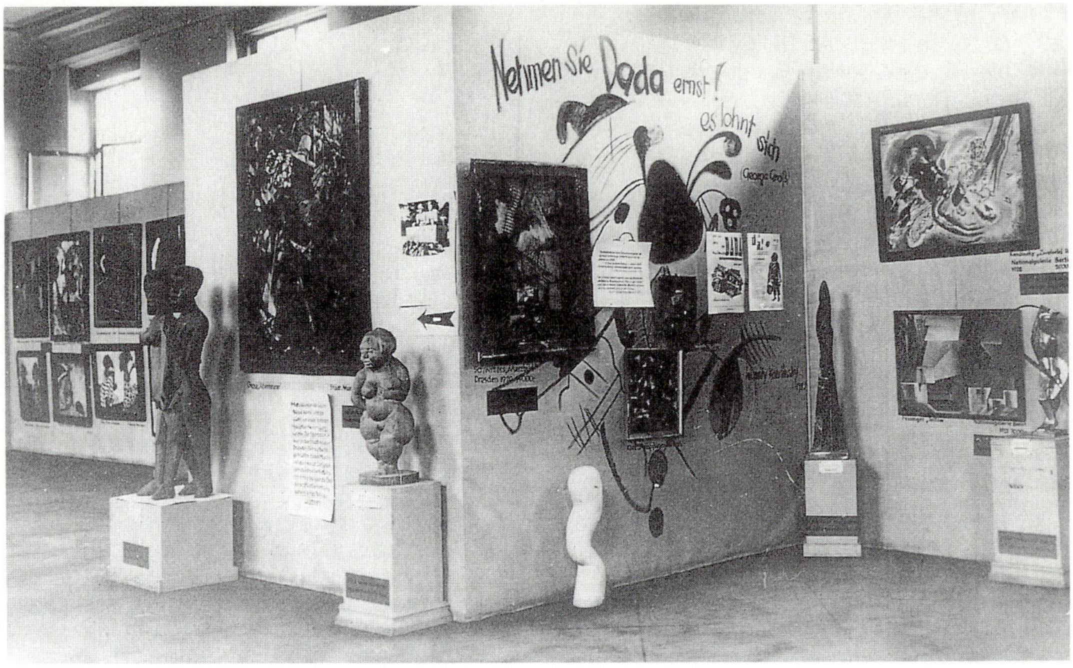

22.1 Blick in einen Raum der Ausstellung „Entartete Kunst“ in München, Galeriestraße (v.l.n.r.):
Plastik
Ernst Ludwig Kirchner: Das Paar, 1923/24, Holz, RM 3000,-(*)
Christoph Voll: (Schwangere) Frau, Holz (**)
Ostwald Herzog: Das Ich, 1918, Alabaster, RM 600,– (**)
Rudolf Haizmann: Figur, 1928, Marmor (**)
Margarethe Moll: Weibliche Figur, 1934, Messing, RM 1500,– (*)
Malerei obere Reihe:
Otto Mueller: Esel mit Kind, um 1927
Max Pechstein: Ehepaar auf Palau, 1917, RM 1000,–
Karl Schmidt-Rottluff: Akt, Frau mit Armbändern, 1912, RM 4500,– (*)
Emil Nolde: Akte und Eunuch (Haremswächter), 1912, RM 4500,–
George Grosz: Abenteurer, 1916, RM 10 000,–(*)
Kurt Schwitters, Merzbild, 1919, RM 14 000,– (*)
Kurt Schwitters, Ringbild, um 1919, RM 225,– (*)
Wassily Kandinsky: Zweierlei Rot, 1916, RM 2000.–(*)
Untere Reihe:
Emil Nolde: Stillleben mit Holzfigur, 1911 (*)
Max Pechstein: Akt am Strand (Insulanerinnen), 1919, RM 1000,– (*)
Emil Nolde: Mann und Weibchen, 1912 (*)
Paul Klee: Sumpflegende, 1919
Lyonel Feininger: Hopfgarten (Teltow), 1920
Bei Grosz eine Fotografie des Ehrenmals des Füsilierregiments 39 General Ludendorff
Neben Schwitters zwei Blätter aus der Zeitschrift „Der Dada“: Raoul Hausmann: Titelblatt, Dezember 1919; Grosz, Heartfield, Hausmann: eine Seite aus der Ausgabe vom April 1920
Unter dem „Abenteurer“: „Mitteilung der Galerie Neue Kunst und des Goltzverlages. Eines der Hauptwerke von George Grosz – „der Abenteurer“ – erwarb das Stadtmuseum Dresden. Dem weitsichtigen Leiter dieses Museums ist es in kurzer Zeit gelungen, durch seine treffsicheren Erwerbungen die Dresdener Stadtsammlung auf ein hohes Niveau zu bringen.“
Neben Kurt Schwitters' Merzbild: „Die Abenteuerbilder Kurt Schwitters' ergeben völlig neue Farbklänge, erreicht durch die Gegenstände selbst. Es sind samtene Klänge in diesem Mülleimermaterial, die man bisher nicht vernahm. (M. v. Weiderkop. Ciceron 1920)“.
und: „Den Unsinn bevorzuge ich, aber das ist eine rein gefährliche Angelegenheit. Mir tut der Unsinn leid, dass er bislang so selten künstlerisch geformt wurde, deshalb liebe ich den Unsinn. Kurt Schwitters ... 1924?“
(im Text mit * gekennzeichnet: Verbleib heute unbekannt; ** vermutlich zerstört)

Einen Tag nach der Eröffnung der „1. Großen Deutschen Kunstausstellung“ im neuen „Haus der Deutschen Kunst“ wird, etwa 500 m entfernt in der Gipsfigurensammlung des Antiken-Museums in den Hofgartenarkaden, Galeriestraße 4, auf engem Raum die moderne Kunst an den „Pranger“ gestellt. Der Besucherandrang ist viermal so groß wie zur Ausstellung der „Deutschen Kunst“.
Viele kamen um von den Bildern Abschied zu nehmen – Freunde, Sammler, Kenner der Avantgarde. Alfred Hentzen (Kunsthistoriker und Assistent des Direktors der Nationalgalerie Berlin, Ludwig Justi, der 1933 aus seinem Amt beurlaubt worden war – sein Engagement für den Expressionismus war allseits bekannt) zieht *das traurige Fazit, dass die Nazis dem deutschen Bürger hier etwas anboten, das seinen Wünschen und Vorstellungen entgegenkam (...) Das Unbehagen an der neuen Kunst war (und ist noch heute) tief verwurzelt und weit verbreitet, und es verursacht zahllosen Menschen offenbar eine hämische Freude sich über etwas zu empören, das ihnen fremd und unverständlich ist, ganz besonders wenn man, dank staatlicher Rückendeckung, nichts dabei riskiert. Die unerträgliche Rechtlosigkeit haben damals offenbar nur wenige empfunden (...) die Ungeheuerlichkeit des völlig rechtlosen Zustandes, in dem sich ein Staat – oder eigentlich der Diktator dieses Staates – anmaßte, eine vorher hoch geachtete Gruppe von Bürgern öffentlich zu verurteilen und zu beschimpfen, ohne ihnen die bescheidenste Möglichkeit der Verteidigung einzuräumen, die man jedem Verbrecher zugesteht.*

(Das Schicksal einer Sammlung ..., 1988)

Hitler hatte sich in der Eröffnungsrede am 18. Juli gegen die Künstler der Moderne gewandt, ihre Internationalität und Zeitgemäßheit und damit ihr Kunstwert werde durch den jüdischen Kunsthandel taxiert. Er diffamierte die Künstler als Vertreter einer politischen und kulturellen Verfallszeit.

✔ Verfassen Sie aus einer von Ihnen gewählten Perspektive Tagebucheinträge:
– Aus dem Tagebuch eines Hitlerjungen 18. und 19. Juli 1937, München und/oder 24. Mai 1938, Düsseldorf.
– Aus dem Tagebuch eines Sohnes oder einer Tochter eines als „entartet“ präsentierten Künstlers oder Musikers.

✔ Entwickeln Sie ein Streitgespräch zwischen Besuchern der Ausstellung in der Galeriestraße. Mit der Zeit wird Ihre ganze Gruppe in die Diskussion einbezogen. Oder: Das Streitgespräch findet in der Düsseldorfer Ausstellung vor den Schautafeln der „Entarteten Musik“ statt: Vertreter unterschiedlicher Interessengruppen diskutieren, die auch die Münchener Ausstellung gesehen haben.

Deutsche Kunst sei die beständige, dem normalen und gesunden Menschenverstand entsprechende, eine wahre Kunst. Es wird an das bürgerliche Kunsturteil des 19. Jahrhunderts angeknüpft, bei dem Wirklichkeit mit Gegenständlichkeit gleichgesetzt wurde. Einer gegenständlichen, propagandistischen Kunst wird das Wort geredet.
Die Eröffnungsrede des Präsidenten der Reichskulturkammer Ziegler zur „Entarteten Kunst“ richtet sich gegen die Museumsdirektoren und Sammlungsleiter und deren „Drang nur Krankhaftes und Entartetes zu zeigen“. Er betont, dass er in der Durchführung seines Auftrags die „Dokumente des Kunstniederganges und der Kunstentartung“ zusammenzutragen, fast alle deutschen Museen besucht habe. In der Ausstellung waren, wie schon in Karlsruhe, die Kaufsummen der Werke in unbereinigter Höhe angegeben, fast neben jedem Werk klebte ein roter Zettel: „Bezahlt von den Steuergroschen des arbeitenden Volkes“.
Unter den Werken stand direkt auf die Wand geschrieben: Nachname des Künstlers, Titel, Museum, Kaufsumme. Zitate von oder über Künstler, Textpassagen aus Hitlers, Goebbels‘ und Rosenbergs Äußerungen gaben den interpretatorischen Rahmen: Sie sollten die Notwendigkeit und die Berechtigung der Ausstellung aufzeigen. In der Folge wird „Entartete Kunst“, deren ursprünglicher Titel „Deutsche Verfallskunst seit 1910“ die Stoßrichtung des NS-Regimes gegen die Moderne deutlich zeigt, zuweilen reduziert, als Wanderausstellung 1938 in Berlin, Leipzig, Düsseldorf, 1939 in Frankfurt a. M. und Chemnitz gezeigt.
Durch das „Gesetz zur Einziehung von Zeugnissen Entarteter Kunst“ vom 31.5.1938 legitimiert, wurden die Kunstwerke, von denen das NS-Regime sich Geld versprach, 1939 in der neutralen Schweiz, im Luzerner Auktionshaus Fischer, versteigert. Der überwiegende Teil der beschlagnahmten Werke jedoch wurde gegen Devisen oder im Tausch gegen Bilder aus der Zeit vor 1900 deutschen Kunsthändlern überlassen. Der unveräußerbare Rest von ca. 4000 Werken wurde verbrannt.
Kunst hatte der Mehrheit des Volkes zur Erbauung, zur Flucht aus dem Alltag zu dienen. Gleichzeitig wurden Begriffe wie „Schönheit“, Ideale wie „Disziplin“, „Ordnung“, „Stärke“, „Willen“, „Heroismus“, „Durchsetzungsvermögen“, „Treue“, aber auch ideologisierte Begriffe wie „Führer“, „Rasse“, „Blut und Boden“ mithilfe der Kunst zu anschaulichen, unbedingt gültigen gesellschaftlichen Leitbildern erhöht.
(Jürgen Harten 1987)
Eine Kunst, die Konflikte aufzeigt, die zum kritischen Nachdenken anregt, war ein Feind, der bekämpft werden musste ...

2

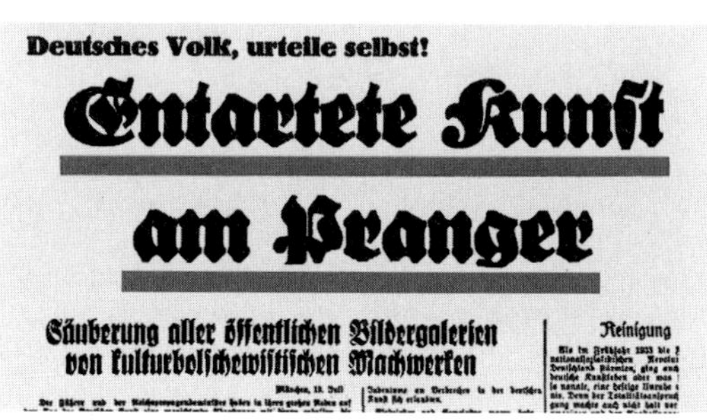
Deutsches Volk, urteile selbst!
Entartete Kunst am Pranger
Säuberung aller öffentlichen Bildergalerien von kulturbolschewistischen Machwerken
Reinigung

1

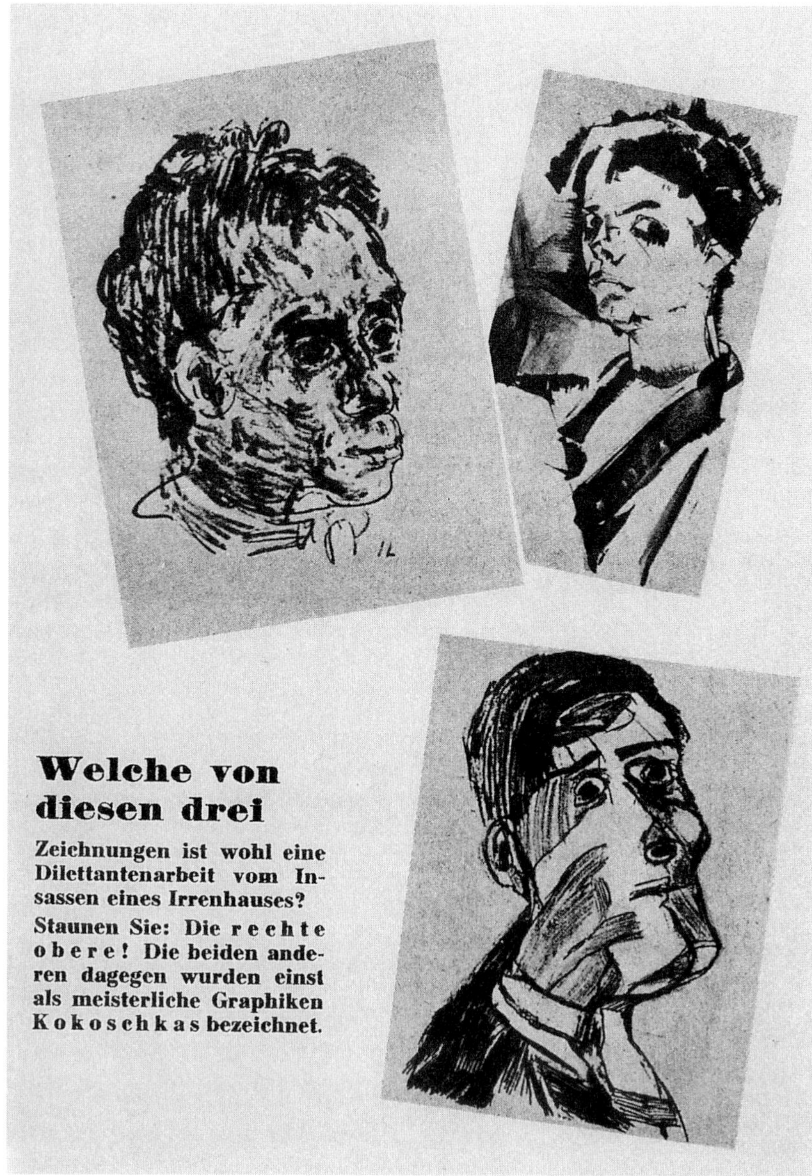

Entartete – neu ausgerichtet
Die Übersiedelung von München nach Berlin

Die Ausstellung „Entartete Kunst", die den Kulturbolschewismus in seiner ganzen Grässlichkeit entlarvt hat, ist von München nach Berlin umgesiedelt. Diese lehrreiche Schau verdient, dass sie auch hier eine Rekord-Besucherzahl von 2 Millionen wie in Bayern erreicht. Das umfassende Münchener Material ist ein wenig gesiebt worden. (...) So erlebt man in greller Deutlichkeit die damalige Hetze zum Klassenkampf, der Gottlosenpropaganda, der Heldenbeschimpfung, der Verherrlichung der Dirne, der Zersetzung der Familie und der Rasse. Sehr wirkungsvoll sind Gegenüberstellungen von Arbeiten einiger geisteskranker Dilettanten aus psychiatrischen Kliniken mit denen sogenannter Künstler. Die armen Irren zeigten sich bei allen Verzerrungen ihrer gezeichneten Figuren doch der Natur näher als die geschulten „Profis" der Systemkunst.
Hamburger Zeitung, 25. Februar 1938

23.1 Seite aus dem Katalog „Entartete Kunst" 1937

23.2 aus: Völkischer Beobachter (Münchner Ausgabe) vom 20. Juli 1937

1 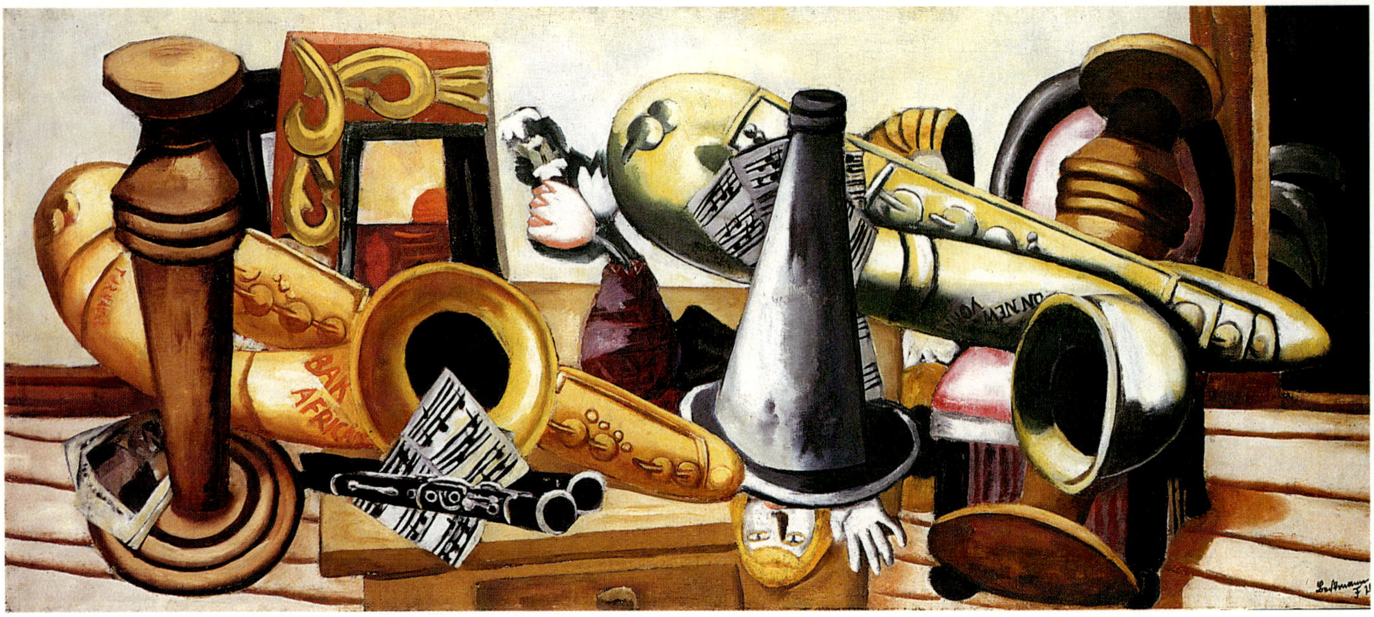

24.1 Max Beckmann: Großes Stillleben mit Saxofonen, 1926
Öl auf Leinwand, 85 x 195 cm
Städelsches Kunstinstitut, Frankfurt

Ab 1924 begann Max Beckmann Stillleben zu malen, in denen die Gegenstände häufig symbolische Bedeutung haben. Dieses Stillleben ist eines der Hauptwerke des Jahres 1926. Im schmalen Querformat wirken die Dinge übergroß: durch ihre Verdoppelung werden die Musikinstrumente besonders akzentuiert. Zusammen mit den Aufschriften auf den Saxofonen – „Bar African", „On New York" – lassen sie sich mit Großstadt, Nachtleben, Jazz assoziieren. Das Saxofon hat für Beckmann erotische Symbolik (Phallus, Schoß), ebenso Klarinette und Fasnachtstute.

✔ Nennen Sie Gründe für die Einordnung des Gemäldes von Max Beckmann als „entartet" durch das NS-Regime.

✔ Vergleichen Sie das Titelblatt des Ausstellungsführers „Entartete Kunst" (S. 18) mit dem zur Ausstellung „Entartete Musik" (S. 19).

Konservative Kreise verlangten schon in der Weimarer Republik, alle „undeutsche" Musik solle durch eine „wirklich deutsche" Musik ersetzt werden. Der Begriff Kulturbolschewismus – später auch Musikbolschewismus – wurde für sie ein Schimpfwort für alles, was ihnen nicht gefiel, v. a. für Neue Musik, die für sie identisch war mit „Bolschewismus" und außerdem als antideutsch, international, unnatürlich galt und ihrer Meinung nach deshalb bekämpft werden musste. 1923 erhielt die „Zeitschrift für Musik und Musikpflege" den Untertitel „Kampfblatt für deutsche Musik und Musikpflege".
Kritisiert wurde auch die angebliche Vorherrschaft der Juden in der Unterhaltungsmusik und im Jazz; jüdisch und negroid bzw. „undeutsche Negerkultur" wurde dabei in einen Topf geworfen. Für Pfitzner z. B. war der Jazz der musikalische Ausdruck des Amerikanismus, der die Seele tötet und Europa zu überschwemmen droht. Anitsemitismus und Antikommunismus mischten sich im Vorwurf „jüdisch-bolschewistisch".
Alle wesentlichen Inhalte und Ziele der nationalsozialistischen Musikpolitik waren also schon vor 1933 formuliert und mussten nur umgesetzt werden. Beispiele: Für Ziegler ist Atonalität Entartung und Kulturbolschewismus; Hitler spricht von Kunst- und Kulturgestotter, Goebbels will die artfremden Elemente einfach ausjäten.
Am einfachsten war die „Umsetzung" bei den nichtarischen Musikern. Sie wurden diffamiert, ausgegrenzt und verfolgt, ganz unabhängig davon, was und wie sie komponierten oder musizierten oder wo sie politisch standen. Ähnlich erging es den arischen Musikern, die politische Gegner des Systems waren.
Aufgrund des Gesetzes zur Wiederherstellung des Berufbeamtentums im Mai 1933 wurden viele jüdische, kommunistische oder sozialdemokratische Musiker beurlaubt bzw. entlassen wie z. B. Arnold Schönberg, Franz Schreker, Fritz Jöde, Hermann Scherchen, Bruno Walter, Otto Klemperer, Rudolf Serkin, Richard Tauber, Joseph Schmidt. Andere wurden durch Diffamierung zum Rücktritt und zur Emigration gezwungen: Fritz Busch, Kurt Weill, Theodor W. Adorno, Friedrich Hollaender, Hans May, Rudolf Nelsen.
Es gab zwar in jeder Stadt einen Musikbeauftragten, der das Musikleben fördern, regeln und überwachen sollte; es gab auch einzelne Reglementierungen, es gelang aber nicht, allgemein gültige (musikalische) Kriterien dafür zu entwickeln, was nun unerwünschte, schädliche, entartete Musik eigentlich ausmache.

24.2 , 25.1, 25.2, 25.3 aus: Hans Severus Ziegler, Entartete Musik, Düsseldorf 1938

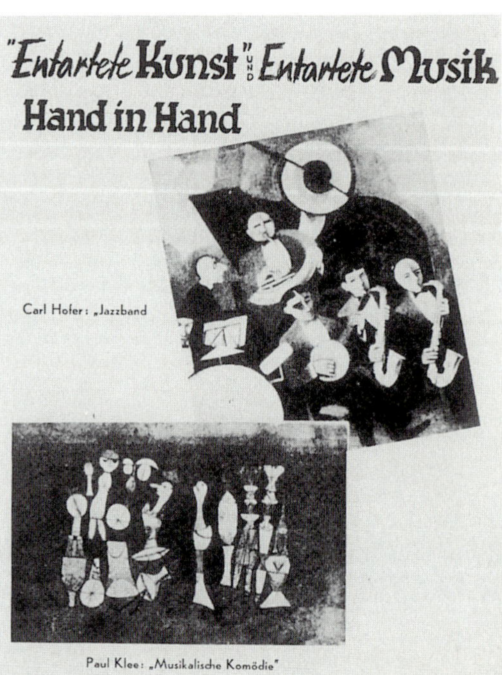

2

Während meines ersten Studiensemesters an der Kölner Musikhochschule (1937/38) hatte ich das Glück in der Kompositionsklasse von Philipp Jarnach verschiedene Orchesterpartituren und Kammermusikwerke von Hindemith, Strawinsky und Bartok – ja sogar von Schönberg kennen zu lernen (lauter mir aus meinem früheren Klavierunterricht schon bekannte Namen), ohne das Bewusstsein, es könnte sich dabei um verbotene, „artfremde" Kunst handeln.
Das Schlagwort „Entartete Musik" tauchte erst 1938 auf. Ich erinnere mich deutlich: Mit erwartungsvoller, aber auch kritischer Neugier besuchten wir, eine kleine Studentengruppe, die Ausstellung „Entartete Musik" und lauschten per Kopfhörer einzelnen Beispielen der verfemten Moderne (Ausschnitte aus Opern und Instrumentalwerken von Hindemith, Weill, Krenek u. a.). Wir waren von diesen „fremden" Klängen beeindruckt, aber noch nicht fähig sie einzuordnen.
Von den Reichsmusiktagen im gleichen Jahr sind mir kaum nennenswerte Stücke im Gedächtnis geblieben, wohl aber einige Komponisten, die nach dem Krieg in den Vordergrund traten.
(Jürg Bauer 1987)

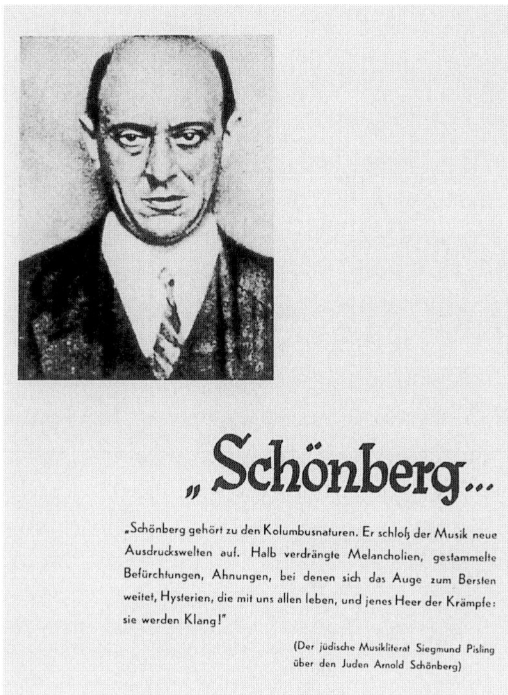

1

Antworten zeitgenössischer Komponisten auf die Frage: Was verbinden Sie mit dem Begriff „Entartete Musik"?

Auch heute (wird) Kulturpolitik mit dem „gesunden Volksempfinden" gemacht. Die aktuellen Begriffe dafür sind etwa „soziale Akzeptanz" und „Einschaltquote"! Der Kulturpolitiker von heute lässt demoskopisch befragen und stellt fest, wer – wann – was liebt. Ungeliebte, schwierige Kunst findet sich heute nicht mehr am Pranger ausgestellt, vielmehr ob des mangelnden Wunsches nach ihr von Subvention und Sendezeit so weit beschnitten, dass gerade noch geatmet, aber nicht mehr gesprochen werden kann.
(Manfred Trojahn 1987)

Ich bin sicher, auch heute hätte eine Ausstellung „Entartete Kunst" oder „Entartete Musik" sofort Fürsprecher und vor allem Publikum. Es ist aber nicht die Schuld derer, die keine Kriterien haben, wenn man sich ihrer Kriterienlosigkeit bedient.
Und vor allem: heute läuft die Denunziation wesentlich subtiler. Durch die kommerzielle Machtposition des „Artigen" muss eine Kampfadresse an irgendein „Entartetes" gar nicht mehr artikuliert werden. Die Selektion funktioniert bereits freiwillig: die zur Rezeption fähigen Menschen werden so lange auf qualitativ Niederstehendem beklebt, bedröhnt, beschossen, bis sie das auch ***wollen****, was ihnen gewährt wird. Wenn anderes nicht mehr wahrgenommen werden kann, muss es auch nicht mehr denunziert, verboten, verbrannt werden.*
(Wolfgang Rihm 1987)

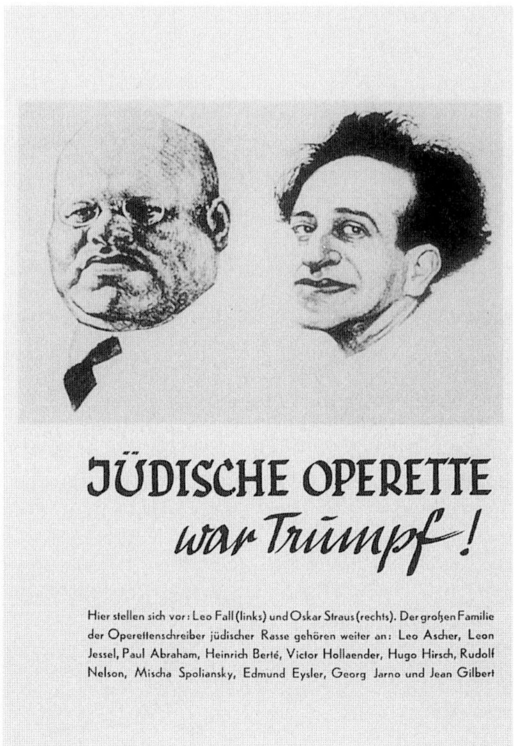

2

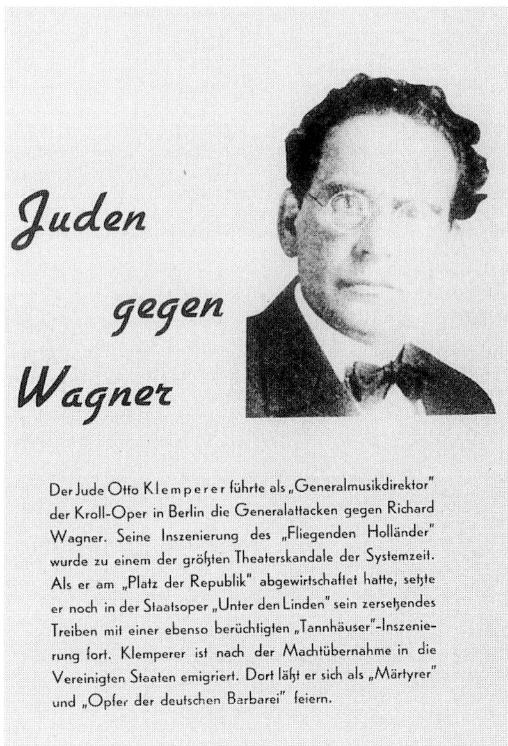

3

Allerdings ist es andererseits auch eine besonders verantwortungsvolle Aufgabe des Staates, seiner Instanzen und der ständischen Organisationen der musikalisch Tätigen in Deutschland, jene Auswüchse zu beseitigen, die die Gefahr einer Überwucherung unseres musikalischen Schaffens mit artfremden Elementen in sich schließen. Hier betätigen sich der Staat und seine verantwortlichen Organe gewissermaßen wie der Gärtner, der auch das Unkraut ausjäten muss, damit die echte Frucht wachsen, reifen und gedeihen kann. Das Wachstum selbst aber ist nicht Sache des Staates, das ist Sache der Natur. Sie gibt dazu die Sonne, den Regen und den Wind, genauso wie das Wachstum der Kunst Sache des Volkstums an sich ist, das es mit innerem Leben und mit strömender Vitalität erfüllt.
Goebbels auf den Reichsmusiktagen 1939 18

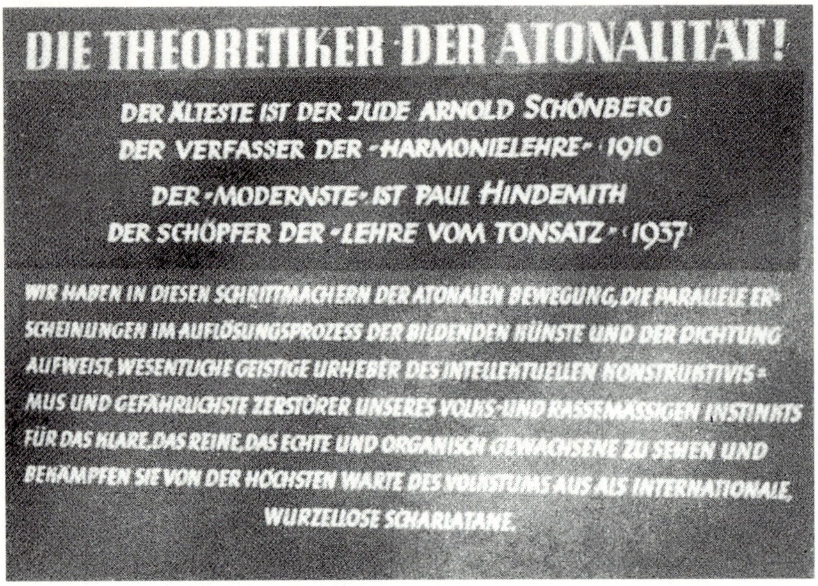

26.1 Plakat: Die Theoretiker der Atonalität, Ausstellung Entartete Musik

Im gleichen Jahr (1923) erschien in Breslau das Buch „Das Schicksal der Musik von der Antike bis zur Gegenwart", wo Schönbergs Musik als nur noch pathologisch verständlich charakterisiert wird. Wie schon Pfitzner sahen auch die beiden dem George Kreis zugehörigen Autoren Erich Wolff und Carl Petersen eine Einheit von Atonalität, Anarchismus und Bolschewismus. Die neue Musik bereite den Boden für den Feind, der alles „hinwegfegen wird um an die Stelle der in Barbarei versinkenden christlichen Kultur den reinen Maschinenmenschen, das intellektuelle Tier, den Zerstörer des Antlitzes der Welt in seiner neuen Herrschaft aufzurichten."
Die Autoren übersahen dabei, dass Schönberg politisch keineswegs umstürzlerisch gesinnt war, sondern nach 1918 die Wiederkehr der Habsburger-Monarchie herbeisehnte.

(Dümling/Girth 1988)

✔ Vergleichen Sie die Definitionen von atonal von 1943 und 1962.

Atonal nennt man einen Stil, der keinen Punkt im Tongewebe als funktionelles Zentrum (Tonika) aller Beziehungen anerkennt; streng genommen wird eine solche Gestaltung von künstlerischer Qualität über größere Strecken weg wohl kaum erreicht werden, da der Hörer stets geneigt sein wird von sich aus eine logische Ordnung zu unterstellen. (...) Geistesgeschichtlich ist der a(tonale) Stil wohl als Versuch einer radikalen konstruktivistischen Befreiung von der erdrückenden Erbschaft des romantischen Jahrhunderts mit seiner Inhaltsbelastung der Musik, auch zugleich als Endpunkt der in jeder Epoche konsequent gewachsenen Dissonanzschärfung, als Spiegelung der alles umstürzenden Nachkriegs-, Revolutions- und Inflationserlebnisse zu betrachten, als eine Kulturverfallserscheinung. (...) Glücklicherweise ist diese Erscheinung heute bereits großenteils überwunden durch eine Rückkehr zu tonalen Bindungen, wie sie die bildenden Künste als „Neue Sachlichkeit" gleichfalls erleben. Mitteleuropäische Hauptvertreter des a(tonalen) Stils waren A. Schönberg und seine Schüler A. v. Webern, A. Berg, A. Hába, mit Vorbehalten und nur vorübergehend P. Hindemith, Bartók, Strawinsky.

Mosers Musiklexikon 1943

Atonal, Kennzeichnung einer Musik, deren Melodie auf keinen Zentralton (Tonika) bezogen ist und deren Harmonien ohne Funktion zueinander sind. Die Herkunft und Entstehung des Wortes a(tonal) ist unbekannt. Es ist vor dem 1. Weltkrieg aufgekommen, hatte vermutlich keinerlei sachlichen Hintergrund und war lediglich emotioneller Ausdruck einer Abwehrstellung gegen etwas Ungewohntes und Unerhörtes in der Musik. Die Polemik entzündete sich seither fast ebenso sehr an dem Wort wie an der Sache, die es bezeichnet, wobei es die Verteidiger a(tonal)er Musik dadurch ad absurdum zu führen versuchten, dass sie es bewusst als „tönelos" übersetzt und missverstanden wissen wollten, und der gegen Vertreter tonalitätsgebundener Musik erhobene Vorwurf vorurteilsbehafteter Halbbildung verband sich mit dem Vorurteil der Ausschließlichkeit des nicht tonalitätsgebundenen Systems, das auf das bisherige Aufbauprinzip der Wiederholung innerhalb tonaler Spannungsverhältnisse verzichtet.

Sachwörterbuch der Musik 1962

Das atonale Chaos, nebst den ihm entsprechenden Formen der anderen Künste ist die künstlerische Parallele zu dem Bolschewismus der dem staatlichen Europa droht. (...) Das Antideutsche, in welcher Form es auch auftritt, als Atonalität, Internationalität, Amerikanismus, deutscher Pazifismus, berennt unsre Existenz, unsre Kultur von allen Seiten und mit ihr die europäische. (...) Die Jazzwelt bedeutet N i e d r i g k e i t, die Aharmonik den W a h n s i n n gegenüber hoher Kunstmusik.

Hans Pfitzner 1920

Wenn **Hindemith** kein Jude ist, so segelte er doch bisher ganz in dem Fahrwasser jüdischer Mentalität. Und wir wissen ja, der Jude kann sich allen Moden besonders schnell anpassen (...) Wenn irgendwelche Werke des Komponisten Hindemith ihn überleben werden, so wäre dieser „Mathis, der Maler" die erste seiner Schöpfungen; denn hier spricht die deutsche Seele zu uns.

J.B. 1934

Ich finde dieses neue Lebensgefühl ebenso wenig in der blutleeren konstruierten Musik der Moderne Schönbergscher Richtung, der auch **Hindemith** so tief verpflichtet ist. Betriebsam und geschäftig macht er jede Modeströmung mit (...) Hindemith ist überall zu Hause, nur nicht in der deutschen Volksseele. Als Führer zu der von uns ersehnten neuen deutschen Musik aus Hitlers Geist kommt er nicht in Frage.

Wilhelm Jensen 1933

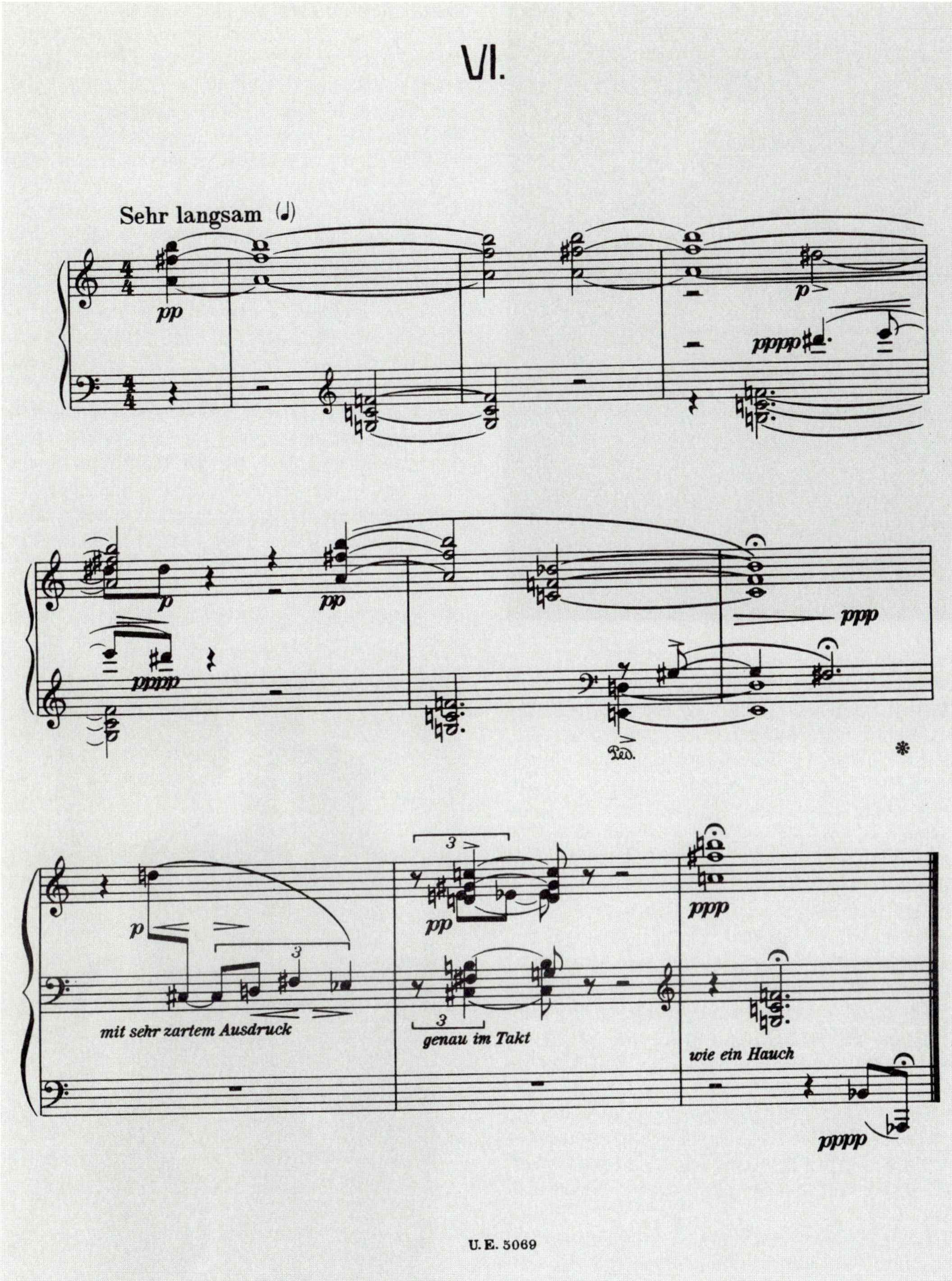

Arnold Schönberg:
Sechs kleine Klavierstücke,
op. 19.

19

✔ Schönberg komponierte das letzte der „Sechs kleinen Klavierstücke“ op. 19 unter dem Eindruck der Nachricht vom Tode Gustav Mahlers 1911.
Hören Sie dieses Stück (ohne Noten) an und beschreiben Sie seine Wirkung. Nehmen Sie zu dem Vorwurf Stellung, atonale Musik sei bloß konstruiert und nicht gefühlt.
Versuchen Sie danach eine Analyse (Akkorde, formbildende Elemente wie Wiederholung, Gegensatz ...).
Schönberg empfand den Begriff „atonal“ übrigens als äußerst unglücklich. Er sprach lieber von Poly- oder Pan-Tonalität. Ein wichtiges Phänomen dabei sei die „Emanzipation der Dissonanz“. Was bedeutet das in diesem Stück?

Béla Bartók beschwerte sich in einem Brief an das deutsche Außenamt, dass seine Werke in der Düsseldorfer Ausstellung „Entartete Musik“ nicht gewürdigt wurden.
Zum Rassefragebogen seiner Wiener Autorenschutzgemeinschaft schrieb er:
Was meine spezielle Lage betrifft, so ist sie vorläufig eine ziemlich böse, denn nicht nur mein Verlag (Universal Edition) ist jetzt ein Naziverlag geworden (man hat die Inhaber und Leiter einfach hinausgeworfen), sondern auch die A.K.M., der ich angehöre (auch Kodály), ist ja eine Wiener Gesellschaft, die jetzt ebenfalls „nazifiziert“ wurde. Eben vorgestern erhielt ich den berüchtigten Fragebogen, mit Fragen über Großväter, etc., dann: „Sind Sie deutschblütig, rassenverwandt oder nichtarisch?“ Natürlich wird dieser Fragebogen weder von mir noch von Kodály ausgefüllt: unser Standpunkt, dass solche Fragereien rechts- und statutenwidrig sind. (Eigentlich schade, denn man könnte bei der Beantwortung schöne Späße machen, z. B. sagen, wir sind nicht-arisch – weil ja schließlich (wie ich aus meinem Lexikon erfahre) „arisch“ heißt „indoeuropäisch“; wir Ungarn sind jedoch finno-ugrisch.
Aus einem Brief von Béla Bartók vom 13.4.1938

Mit Auflösung der Tonalität oder Emanzipation der Dissonanz ist gemeint, dass die bis dahin als „harmonisch“ wahrgenommene Grundlage der Beziehungen von Dreiklängen und Akkorden zur Tonika außer Kraft gesetzt wird. Damit wurde eine Tradition verlassen, an die sich das menschliche Ohr seit langem gewöhnt hatte: Dissonanzen werden nicht mehr in Konsonanzen aufgelöst, sondern als Dissonanzen beibehalten und selbstständig behandelt.

28.1 Ludwig Meidner: Selbstbildnis, 1912 Öl auf Leinwand, 78,5 x 60 cm Hess. Landesmuseum, Darmstadt (In der Ausstellung „Entartete Kunst" hing dieses Selbstbildnis unter dem Aspekt „Offenbarung der jüdischen Rassenseele".)

1
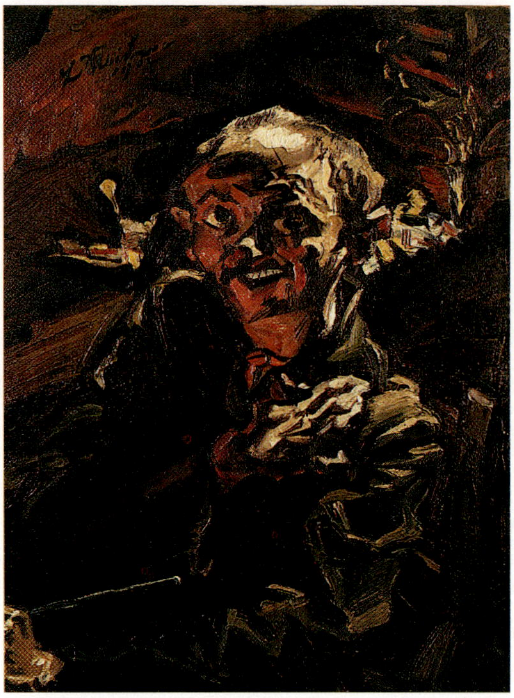

Ludwig Meidner
Geburt 1884 in Bernstadt/Schlesien. 1905 nach Berlin, Lebensunterhalt als Modezeichner. 1906-08 in Paris (Manet, Cézanne, van Gogh). Ab 1908 wieder in Berlin ohne Brotberuf. 1911 Stipendium durch Befürwortung Max Beckmanns. Bis 1916 intensivste Maltätigkeit: Apokalyptische Landschaften und Selbstbildnisse. 1916-19 Kriegsdienst. 1935 Diffamierung als entartet, Umzug nach Köln. Zeichenlehrer an einer jüdischen Schule, 1939 Flucht mit der Familie nach England. 1953 Rückkehr nach Deutschland, aber ohne lang währenden Wohnsitz: Hamburg, Frankfurt, Marxheim, Darmstadt. Ehrungen ab 1963 (Retrospektiven). Tod 1966 in Darmstadt.

Oskar Schlemmer
1888 Geburt in Stuttgart. 1903-05 Lehre als kunstgewerblicher Zeichner. 1906-12 Stipendiat der Stuttgarter Kunstakademie; ein Jahr Berlin; Meisterschüler von Hölzl in Stuttgart. 1921-29 Bauhaus: Steinbildhauerei, Wandmalerei, Metallwerkstatt, Aktmalerei, Aufbau der Bauhausbühne; daneben Wandbilder, Ballettinszenierungen und Theaterarbeit, u.a. in Berlin (Fritz Holl, Piscator), Stuttgart (Hindemith). Bis 1932 Professor an der Akademie Breslau bis zur Schließung: Lehrgang „Mensch und Raum" und Leitung einer Bühnenkunstklasse. Theaterarbeit (u.a. Breslau, Krolloper Berlin: Schönberg-Operninszenierung). 1932 Professur in Berlin – Antrittsvorlesung „Perspektiven" vor überfülltem Hörsaal. 1943 Tod in Baden-Baden.

✔ Was verbindet für das NS-Regime die drei Künstler Meidner, Kollwitz und Schlemmer? Welche Bedeutung haben sie heute?

Ludwig Meidner: Im Sommer 1912 hatte ich wieder Ölfarben und Mittagessen. Ich malte Tag und Nacht meine Bedrängnisse mir vom Leibe, Jüngste Gerichte, Weltuntergänge und Totenschädelgehänge, denn in jenen Tagen warf zähnefletschend das große Weltgewitter schon seine grellgelben Schatten auf meine winselnde Pinselhand. (…)
Ach, wie war ich vergrämt, in dem Ölgestank des Ateliers, und meinen Kopf barg ich in der Glut des Gaslichts. (…) In einem Malkittel steckend, der, mit geronnener Farbe bedeckt, wie ein Panzer steif war, mit nimmersatter Palette gegürtet und fletschenden Pinseln, so stand ich, nicht wankend, die ganze Nacht und malte mich selbst vor dem grimassierenden Spiegel. (…) Hitze keuchte wie bei einer Feuersbrunst. Die Keilrahmen knackten. Weit offen stand das Fenster, und die Sterne regneten wie Raketen um meine gletscherblanke Glatze. (…) In mir schrie es nach knatternden Fernen und den Posaunenstößen künftiger Katastrophen. (…)
Ich habe zahllose Indigo- und Ockertuben zerbrochen und ein schmerzhafter Drang gab mir ein, alles Geradlinig-Vertikale zu zerbrechen. (…)
Permanentgrün neben Zinnobergeschrei; Umbra, helles Kadmium und feurig Ultramarin – überhaupt muss das Dasein von fetten, strotzenden Ölfarbentuben eingeengt sein. Man muss sich fest einschließen in vier aschengraue Atelierwände, vor großen Leinwänden herumturnen, einsam schimpfen, wütend sein, sich kratzen und eine Donnerwetter-Palette in der Faust haben. Ich stelle mich manchmal blöde und ausgeleert vor die Staffelei und grinse in meine unrasierten, sommersprossigen Backen hinein; da hüpft aus den zähen Chrom-Fladen auf einmal ein Umriss heraus, das Zinnober fängt zu schreien an und eine wunderbare Wirrwarr-Welt baut sich allmählich unter meinem Borstenpinsel auf.

Oskar Schlemmer war der erste von der nationalsozialistischen „Säuberung" betroffene Künstler: 1930 Zerstörung seiner Wandbilder (1923) im ehemaligen Bauhaus in Weimar, veranlasst durch den neuen Direktor Paul Schultze-Naumburg.
Im März 1933 wird die erste große Retrospektive im Kunstverein seiner Heimatstadt Stuttgart gleich nach der Eröffnung geschlossen – aufgrund von NS-Drohungen. In einem geschlossenen Raum abgestellt, konnten „Eingeweihte" sie noch eine Weile besichtigen. Die NS-Presse berichtete am 15. März 1933: *(…) Oskar Schlemmer, der Kulturbolschewist, dessen Machwerke von manchen als „urdeutsche Kunst" bezeichnet wurden, ist von den Wänden verschwunden (…) Für uns ist dieses Kapitel erledigt (…) (NS-Kurier)*
Am 17. Mai 1933 wird Schlemmer nach nur einem Semester aus seinem Lehramt an den Vereinigten Kunstschulen in Berlin-Charlottenburg fristlos entlassen, er verlor damit sein pädagogisches und künstlerisches Wirkungsfeld und seine Existenzgrundlage. Er hatte sich über seine und seiner Kollegen Diffamierung als „destruktive, marxistisch-jüdische Elemente" auf einem NS-Plakat in der Akademie beim Ortsgruppenleiter und beim

2
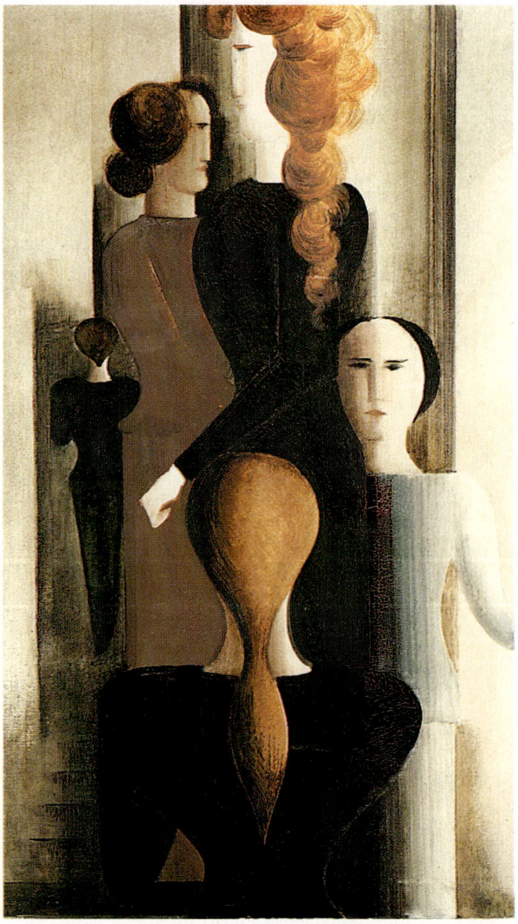

28.2 Oskar Schlemmer: Frauentreppe, 1925. Tempera und Öl auf Leinwand, 120 x 169 cm. Kunstmuseum Basel
In der Kulturbolschewistischen Ausstellung Mannheim/München 1933;
beschlagnahmt am 8.7.1937;
in der Ausstellung „Entartete Kunst", München 1937

preußischen Kultusministerium beschwert. Im Herbst 1933 wird ihm eine Professur an der Kunstgewerbeschule in Berlin angeboten mit der Bedingung in die Partei einzutreten, was er ablehnt. Immer wieder in diesen Jahren tritt er öffentlich für die Freiheit der Kunst ein.
Weitere Diffamierungen sind die „Schandausstellungen" bis 1937 und schließlich die „Entartete Kunst", in der fünf Gemälde von ihm hingen. Durch eine kleine Erbschaft konnte er sich bei Badenweiler, am Rande Deutschlands, ein kleines Holzhaus bauen lassen um sich wieder auf seine Kunst zu konzentrieren. Die „Entartete" vernichtete seine Hoffnungen auf eine Rückkehr in das Leben vor 1933. Er erwog die Emigration, aber er nahm Abstand davon wegen des Risikos für seine Familie, und weil er sein Land selbst in diesen schwierigen Zeiten nicht verlassen wollte.
Ab 1938 arbeitet er aus finanzieller Not bei einem großen Stuttgarter Malergeschäft: u. a. Tarnanstriche von Militärgebäuden und Gaskesseln. Das unruhige Pendlerleben „zwischen Wochen harter Arbeit und kurzen Aufenthalten bei der Familie", der Mangel an persönlicher Freiheit und künstlerischer Tätigkeit untergraben seine Gesundheit.
Immer war es die Angst vor Malverbot und gänzlichem Untertauchen-Müssen, die ihn zermürbte. 1940-1942 ermöglichte der Wuppertaler Lackfabrikant Herberts ihm und einigen ebenfalls diffamierten Künstlern – u. a. Willi Baumeister – neue Maltechniken künstlerisch zu erproben. Die Arbeit in Wuppertal bot ihm den wichtigen Gedankenaustausch mit Künstlerfreunden. Doch war seine Gesundheit bereits so angegriffen, dass er bereits 1943 im Alter von 55 Jahren starb.

Am 15. Februar 1933 musste **Käthe Kollwitz** zusammen mit Heinrich Mann aus der preußischen Akademie der Künste austreten. 1919 war sie als erste Frau in die Akademie aufgenommen worden und hatte den Professorentitel erhalten, hatte seit April 1928 die Leitung des Meisterateliers für Grafik und ein eigenes „gutes, großes Atelier". Der Grund für die Entlassung: Am 18. Juli 1932, zwölf Tage vor der Reichstagswahl, unterzeichneten Albert Einstein, Arnold Zweig, Heinrich Mann und Käthe Kollwitz einen „Aufruf zur Einigung der Linksparteien gegen die faschistische Gefahr". Am 5. Februar 1933 nochmals ein „Dringender Appell" an allen Litfaßsäulen: *Die Vernichtung aller persönlichen und politischen Freiheit in Deutschland steht unmittelbar bevor, wenn es nicht in letzter Minute gelingt, unbeschadet von Prinzipiengegensätzen alle Kräfte zusammenzufassen, die in der Ablehnung des Faschismus einig sind.*
Während Heinrich Mann nach Frankreich floh, blieb Käthe Kollwitz in Berlin. Ihre Arbeiten waren nicht in der „Entarteten Kunst", obwohl sie seit 1936 inoffizielles Ausstellungsverbot hatte; d.h. Ausstellungen, in denen auch ihre Arbeiten zu sehen waren, geschlossen wurden; u. a. München 1935 „Berliner Kunst" oder, in Berlin, die Barlach-Kollwitz-Ausstellung.
Für ihre kritischen Grafiken gab es keine Sammler und Auftraggeber mehr. Kollwitz wendete sich wieder ihrer Bildhauerei zu, arbeitet am eigenen Grabrelief.

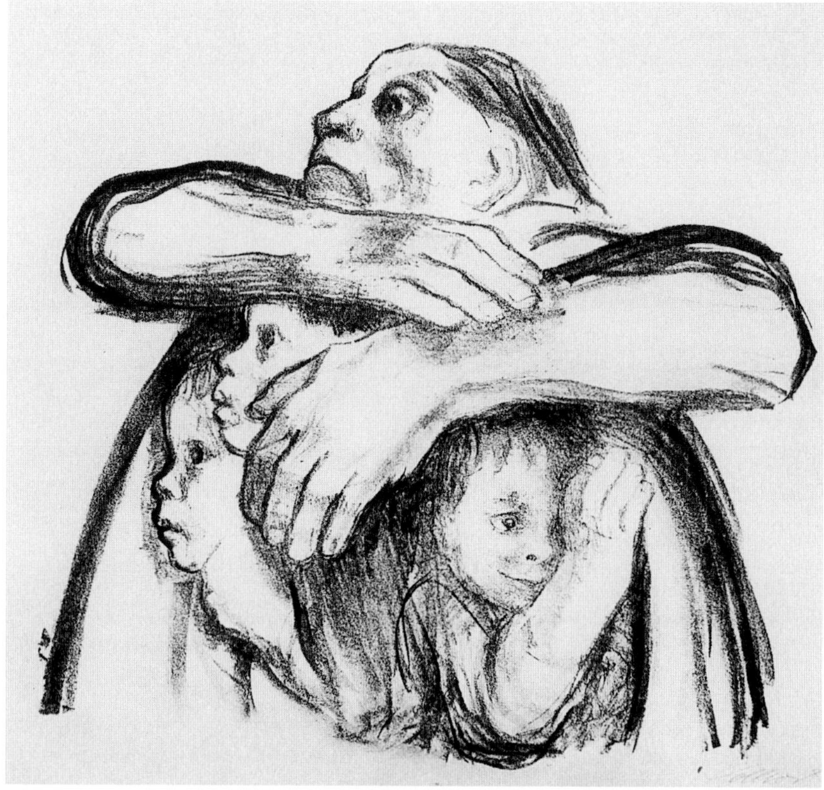

29.1 Käthe Kollwitz: Saatfrüchte dürfen nicht vermahlen werden, 1942. Lithographie, 37 x 39,5 cm

1934 bis 1937 entsteht die Grafikfolge „Tod", deren letztes Blatt „Ruf des Todes" ein Selbstbildnis ist. Sie wendet sich um zur Knochenhand, die ihre Schulter berührt.

„Saatfrüchte sollen nicht vermahlen werden" (29.1) ist ihre letzte Lithographie – ein Antikriegsblatt und damals sehr mutig. Es richtet sich gegen die Einziehung Jugendlicher zum Kriegsdienst. Das Zitat des Titels stammt aus dem „Lehrbrief" in Goethes „Wilhelm Meisters Lehrjahre". Es gibt Tagebucheinträge vom Dezember 1941, die mit der Skizzierung der Bildidee in Zusammenhang stehen:

Die furchtbaren Judenaktionen jetzt, die Massenzwangsverschickungen, die Grausamkeiten jeder Art.
Ich zeichnete also Jungen, richtige Berliner Jungen, die wie junge Pferde gierig nach draußen wittern, werden von einer Frau zurückgehalten. Eine Frau (eine alte Frau) hat die Jungen unter sich und ihren Mantel gebracht, gewaltsam und beherrschend breitet sie ihre Arme und Hände über die Jungen.

In diesem Blatt ist immer noch schmerzhafte Erinnerung an den Oktober 1914, an den Soldatentod ihres jüngeren 18-jährigen Sohnes Peter. Im folgenden Jahr, Februar 1943, sollte ihrem ältesten Enkel Peter das gleiche Schicksal widerfahren.

Käthe Kollwitz
Geburt 1867 in Königsberg. 80er Jahre: Zeichen- und Malstudien, auch in Berlin und München. Schon damals interessierte sie die Darstellung des arbeitenden und leidenden Menschen. 1890 erste druckgrafische Versuche. 1891 Heirat mit Dr. Karl Kollwitz; Übersiedlung nach Berlin, Eröffnung einer Kassenarztpraxis in einem Arbeiterviertel im Norden Berlins; Wohnung Weißenburgstraße 25, heute Käthe-Kollwitz-Straße, bis 1943. 1893–97 mit „Ein Weberaufstand" – erste große Radierfolge. 1898 in der „Großen Berliner Kunstausstellung". 1892 und 1896 Geburt der Söhne Hans und Peter. 1900–10: Aufenthalte in Paris (Besuch bei Rodin) und Italien (Florenz und Rom): „Bauernkrieg" – sieben Radierungen – Villa-Romana-Preis (ein Jahr Florenz); Bekanntschaft mit Barlach. 1910 erste plastische Arbeiten. 1932 „Vater" und „Mutter" als Gedenkmal für den Sohn Peter auf Soldatenfriedhof in Flandern. 1919 wird Karl Kollwitz Stadtverordneter der SPD; nach 1933 wird ihm die Approbation entzogen, er stirbt 1940. 1943 Evakuierung aus Berlin. 1945 Tod in Moritzburg bei Dresden.

30.1 Ausschnitt aus dem Lehrbuch „Deutsche Kunstbetrachtung" von Georg Schorer, 1939

Die Bilder von links nach rechts:
Eugen Hoffmann: Mädchen mit blauen Haaren, Gips (*);
Ernst Ludwig Kirchner: Die Geliebte, 1913 (Detail, Illustration für „Peter Schlemihls wundersame Geschichte" von Chamisso);
George Grosz: Bildnis Max Hermann Neiße, 1925;
Max Beckmann: Selbstbildnis mit rotem Schal, 1917;
Ludwig Meidner: Selbstporträt, 1912;
Ludwig Gies: Kruzifix, Holz, 1921 (*);
Paul Klee: Detail einer Ölfarbzeichnung;
Max Beckmann: Der Strand, 1927 (*);
Ernst Ludwig Kirchner: Abschied (Botho und Hugo), 1914 (*);
Kurt Schwitters: Merzbild, 1919 (*);
Eugen Hoffmann: Adam und Eva; oder Christoph Voll: Joseph und Potiphar (**);
Paul Klee: Wohin? (Junger Garten) (**)

(*) Verbleib unbekannt
(**) zerstört

✔ Arbeiten Sie die Mittel heraus, mit denen im NS-Regime die Jugendlichen partei- und staatskonform erzogen worden sind.

1

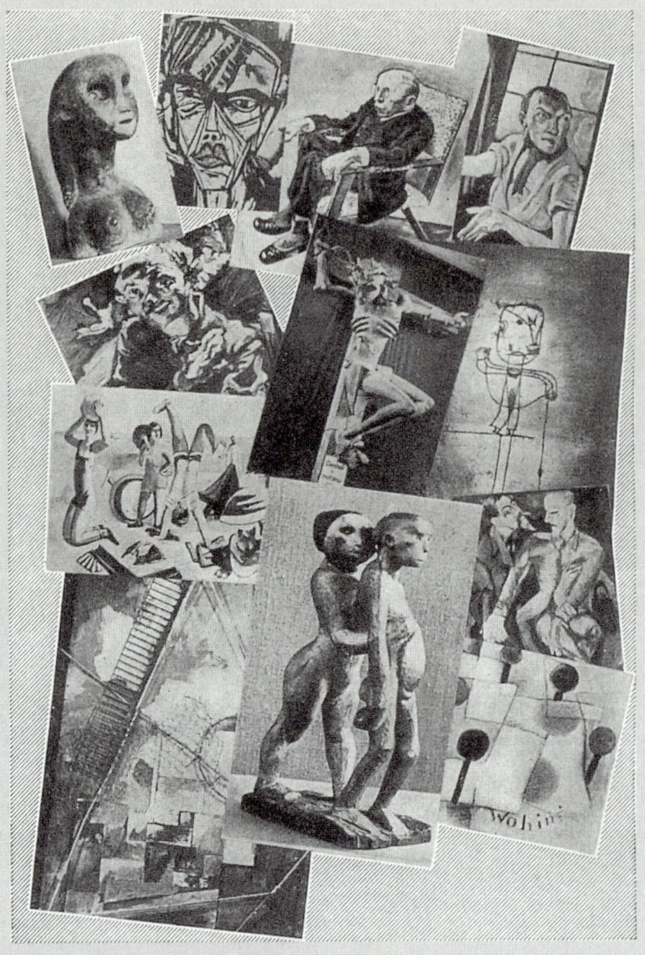

Abb. 256. Die entartete Kunst

Ein Besucher der Ausstellung »Entartete Kunst« ist entsetzt über das Übermaß von Schmutz und Gift und steht anfänglich vor einer nicht mehr faßbaren Sinnlosigkeit. Sehr bald erkennt er jedoch ein klargewolltes System. Das Ziel war:

1. Die Zerstörung der aus der Tradition der abendländischen Kultur erwachsenen Wertordnung durch Propagierung des Primitiven (in der Baukunst: Verzicht auf jede künstlerische Formung »Sachlichkeit«!, z. B. Häuserfronten, deren einzige Verzierung die »Sachlichkeit« des Regen-Ablaufrohres ist).
2. Zerstörung der kraftspendenden Verbindung der nordischen Kunst mit der Natur durch Propagierung abstrakter naturfeindlicher Kunstsysteme, wie Kubismus usw. (vgl. den Sinn der griechischen Antäuslegende!)
3. Zerstörung nationaler Bindungen durch bewußte Internationalität in Form und Inhalt sowie durch die Verhöhnung nationaler Werte (in der Baukunst durch eine den Menschen entwurzelnde internationale Umgebungsgestaltung, z. B. kubische Häuser).
4. Zerstörung des gesunden Schönheits- und Rassegefühls durch Darstellung des Häßlichen, Krankhaften, des Minderwertigen und des Fremdrassigen.
5. Zerstörung des deutschen Schamgefühls.
6. Zerstörung deutscher Gläubigkeit durch die Verhöhnung der Religion und eine frivole Beschmutzung alles Hohen und Heiligen.

In der »Entarteten« sind dabei nur Werke vertreten, die früher von irgend einer öffentlichen Sammlung in Deutschland erworben worden waren! Die Ausstellung ist ein grauenhaftes Selbstbildnis des Erbfeindes der nordisch-abendländischen Kultur, des Judentums, und ein Abbild dessen, wie hoch die Flut von Schmutz und Unrat schon gestiegen war, in die Deutschland zu versinken drohte.

*

Entartete Baukunst:

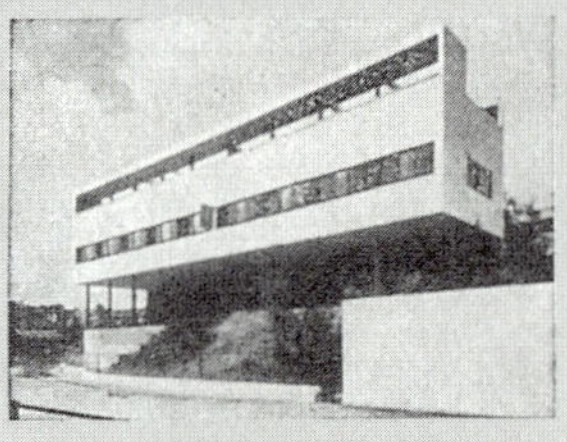

Abb. 257. Stuttgart, Weißenhoffiedlung, Doppelwohnhaus.

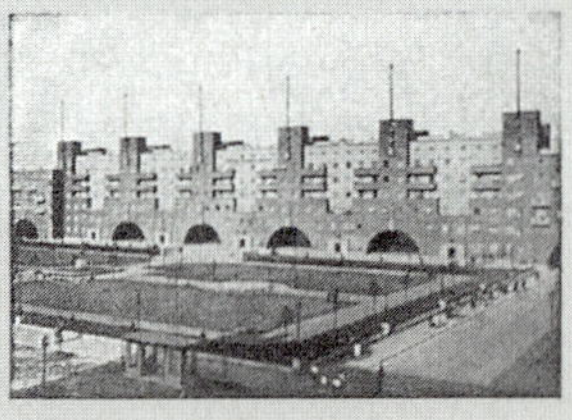

Abb. 258. Wien, Karl-Marx-Hof.

30.2 Schülererkennungsmarke

30.3 Krieg im Wohnzimmer: Churchill – Ein Geschicklichkeitsspiel für die Jugend („Bomben auf Engelland" zitiert ein populäres Lied)

30.4 Kinder sammeln für Soldaten

2

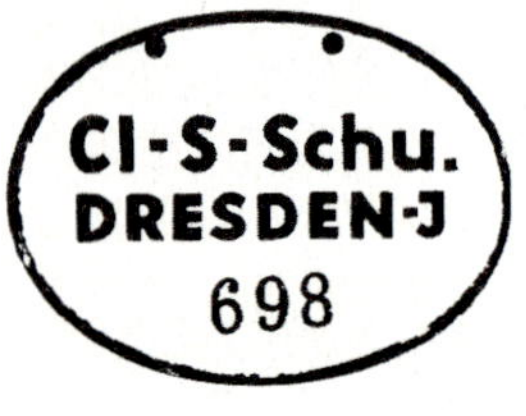

3

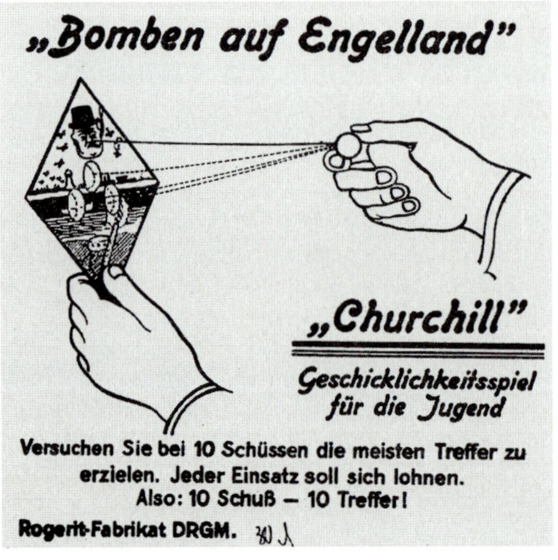

Der völkische Staat, (...) hat seine gesamte Erziehungsarbeit in erster Linie nicht auf das Einpumpen bloßen Wissens einzustellen, sondern auf das Heranzüchten kerngesunder Körper.
Adolf Hitler, in: Mein Kampf, 1926

4

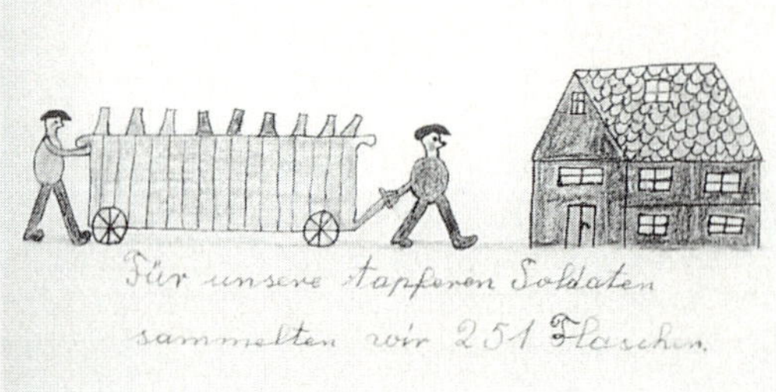

Schulen erziehen zur Kunst

Eröffnung der Ausstellung des Kultministeriums

Im schönen Kiechelsaal des Städtischen Museums fanden sich am Sonntagvormittag zahlreiche Vertreter der Partei, der Wehrmacht, der Behörden und der Lehrerschaft ein um der Eröffnungsfeier der Ausstellung des Kultministeriums beizuwohnen. Das Schülerorchester der Kepleroberschule unter Leitung von Oberreallehrer H e n s l e r spielte einleitend mit Hingebung eine Ouvertüre in d-moll von J. J. F u x (1660-1741). Sodann eröffnete Oberregierungsrat G s c h w e n d von der Ministerialabteilung für die höheren Schulen, der Referent für Kunsterziehungsfragen im Kultministerium, die Ausstellung im Auftrag des Kultministers Dr. Mergenthaler. Er gab seiner Freude Ausdruck, dies in so schönen Räumen tun zu können, wo das Gefühl von der Einheitlichkeit deutscher Kultur ohne weiteres gegeben sei. Der Ministerpräsident wünsche, dass die Ausstellung weit über den örtlichen Rahmen zur Auswirkung komme, gelte es doch an Entwicklung natürlicher und künstlerischer Werte manches gutzumachen, was eine vergangene Zeit versäumt habe. Die neuen Lehrpläne der Oberschulen enthalten Zeichnen und Musikunterricht als ordentliches Lehrfach; dabei sei nicht daran gedacht, bevorzugt Genies zu züchten, sondern die G e s a m t h e i t der Schüler durch sachverständige Erziehung a u f e i n e g u t e E b e n e z u h e b e n . Wenn auch immer ein Teil der Energie des Volkes dem politischen Streben gelten müsse, so liege doch größte Kraft in der T i e f e d e r S e e l e und ihren Auswirkungen. Gerade der Führer sei hier Vorbild: ein großer Staatsmann und zugleich ein unendlich feiner Künstler. Die Schule habe die Aufnahmebereitschaft, das Unterscheidungsvermögen zwischen echt und unecht zu wecken und Talenten Hindernisse wegzuräumen. U l m zeige gute Beispiele der V e r k n ü p f u n g v o n A r c h i t e k t u r u n d K u n s t h a n d w e r k . Das sei der Geist des Dritten Reichs, das wieder Architekten, Kunsthandwerker, Maler brauche, die von diesem echten Gestaltungswillen erfüllt sind. Für sie bedeute die Schule die Vorbereitung, die Kunstakademie die Erfüllung. Die Ausstellung solle durchs ganze Land die Runde machen, damit alle Erzieher und Eltern Einblick bekommen in das, was an Gutem und Echtem geleistet werden kann und soll.(...)

Ulmer Sturm, 16.1.1939

1

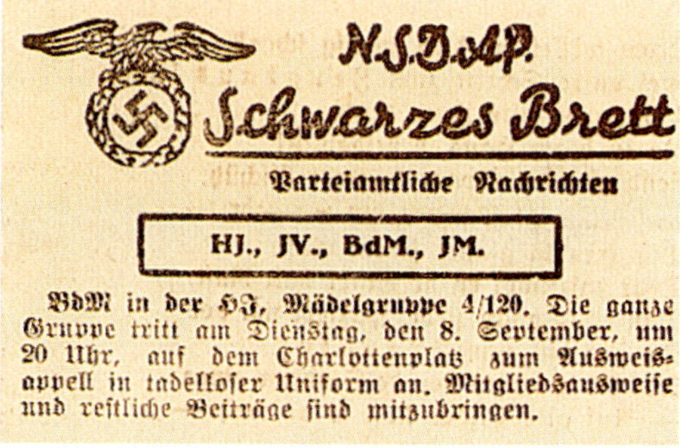
N.S.D.A.P.
Schwarzes Brett
Parteiamtliche Nachrichten

HJ., JV., BdM., JM.

BdM in der HJ, Mädelgruppe 4/120. Die ganze Gruppe tritt am Dienstag, den 8. September, um 20 Uhr, auf dem Charlottenplatz zum Ausweisappell in tadelloser Uniform an. Mitgliedsausweise und restliche Beiträge sind mitzubringen.

2

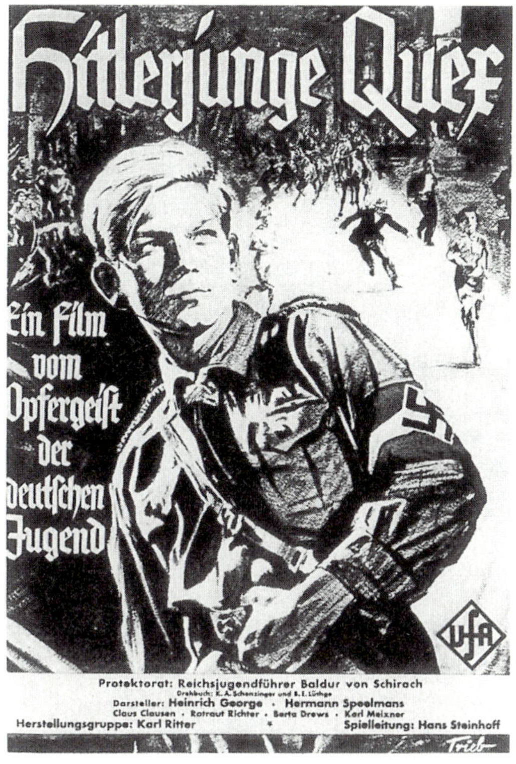

Das sind wir! Jungen, die das weiche Bett verachten, Jazzschlager, Kino und Schundschmöker denen überlassen, die nichts anderes wissen. Wenn der Spießer sein Fenster aufreißt und sich über sonderbare Kerls wundert, die bei jedem Wetter hinausziehen, dann dröhnt ihm unser Lied in den Ohren.

K. A. Fineisen,
Braune Kameraden,
1934

31.1 NSDAP Schwarzes Brett, in: Ulmer Sturm, 5.9.1936 (Ausschnitt)

31.3 Eine Schulklasse um 1937

3

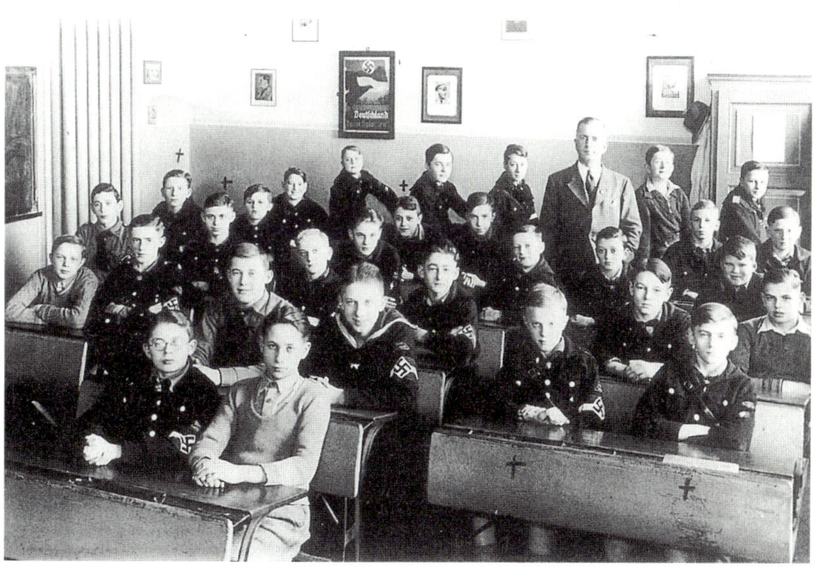

31.2 Programmzettel

In „Jugendfilmstunden" werden nationalsozialistische Propagandafilme vorgeführt. 1934 und nochmals ab 1939 sehen fast alle HJ-Angehörigen den Film „Hitlerjunge Quex", für dessen Uraufführung am 11.9.1933 dieser Programmzettel wirbt. Nach einem Roman von K. A. Schenzinger schildert er den letzten Lebensabschnitt eines Berliner Jungen, der sich gegen den Willen seines kommunistischen Vaters vor 1933 der HJ anschließt und bei der Verteilung von Wahlkampfzetteln für die NSDAP von Kommunisten umgebracht wird.

(Boberach 1982)

Zentrales Lied im Film ist „Unsre Fahne flattert uns voran" von Baldur von Schirach:

Unsre Fahne flattert uns voran,
in die Zukunft ziehn wir Mann für Mann.
Wir marschieren für Hitler durch Nacht und durch Not
mit der Fahne der Jugend für Freiheit und Brot.
Unsre Fahne flattert uns voran.
Unsre Fahne ist die neue Zeit.
Und die Fahne führt uns in die Ewigkeit.
Ja, die Fahne ist mehr als der Tod.

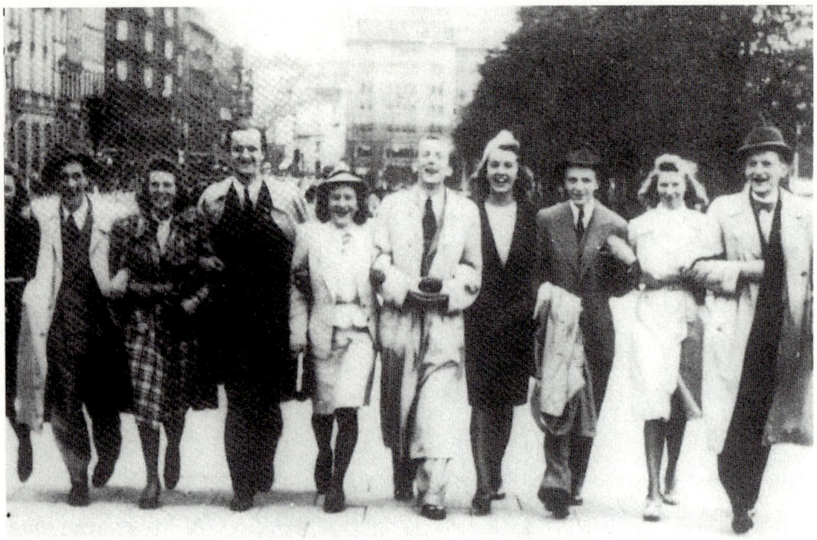

32.1 Hamburger Swing-Jugend bummelt im Sommer 1940 über den Jungfernstieg

✔ Das Phänomen Swing-Jugend gab es Ende der 30er-Jahre in vielen Großstädten Europas. Es war die erste von den USA ausgehende jugendliche „Mode" mit ihren typischen Attributen Musik, Tanz, Kleidung. Sie wurde in Europa voller Begeisterung aufgenommen und mit einigen Stilelementen angereichert.
Schildern Sie diese Attribute und vergleichen Sie diese mit heutigen Jugendmoden. Zum Politikum wurde die Swing-Jugend nur im nationalsozialistischen Deutschland (und später in den besetzten Gebieten). Warum? Inwieweit und wo gibt es heute für Jugendliche aufgrund ihrer „Moden" Probleme?

✔ Schauen Sie sich den amerikanischen Spielfilm „Swingkids" an, der das Schicksal von Swing-Jugendlichen 1939 in Hamburg schildert.
(Video: Hollywood Pictures Home Video 1493/25)

Auch wenn das, was in den 20er- und 30er-Jahren als Jazzmusik aus den USA nach Europa kam, bereits das gezähmte, gut konsumierbare kommerzielle Produkt einer längst auch bei weißen Musikern beliebten Tanz-, Unterhaltungs- und Konzertmusik war, faszinierte diese spontane, „heiße" Musik mit ihrem elementaren Rhythmus, ihrer Freiheit in der Improvisation vor allem die Jugendlichen in Deutschland, die sich nicht in autoritäre Ketten legen lassen wollten. Bei ihnen bekam der Jazz, besonders der Swing, einen hohen Symbolwert, ganz ähnlich wie in den 50er-Jahren die Rockmusik.
Eine ganze Reihe bedeutender Swingmusiker war afro-amerikanischer oder jüdischer Abstammung. Deshalb versuchte man den Jazz als „Kampfmittel des Judentums und des Amerikanismus" zu denunzieren. Schon 1930 gab es ein erstes Jazzverbot: die Verfügung gegen die „Negerkultur", ein Verbot von „Jazzband- und Schlagzeug-Musik, Negertänzen, Negergesängen, Negerstücken" durch Wilhelm Frick, damals nationalsozialistischer thüringischer Volksbildungsminister. Ab Spätsommer 1933 war in deutschen Jugendherbergen der Jazz verboten. Im Oktober 1935 wurde durch den Erlass des „Reichssendeleiters" ein „Verbot des Nigger-Jazz" im deutschen Rundfunk verfügt. Ziel war eine „neue deutsche Tanzmusik". Diese sollte und durfte „auch Synkopen und Saxofone" haben, sollte, aber „vornehm, harmonisch und deutsch" sein (Vgl. S. 18).
Schallplatten gab es vorerst noch zu kaufen und beim Radiohören bevorzugten die Jazzfreunde ohnehin ausländische Sender wie Radio Luxemburg, Hilversum, BBC. Aufnahmen des Juden Benny Goodman wurden aus dem Angebot deutscher Plattenfirmen verbannt. Es gab dann verschiedene Swing-Tanz-Verbote und am 1. September 1939 trat die „Verordnung über außerordentliche Rundfunkmaßnahmen" in Kraft: „Das absichtliche Abhören ausländischer Sender ist verboten."

Auf der Intendantentagung im Großen Sendesaal des Münchner Funkhauses am Sonnabend machte Reichssendeleiter Hadamovsky grundlegende Ausführungen über die Gestaltung des Winterprogramms des deutschen Rundfunks. Der Redner erinnerte an die zersetzende Tätigkeit des kulturbolschewistischen Judentums gerade im deutschen Rundfunkwesen und fuhr fort:
Nachdem wir heute zwei Jahre lang mit diesen Kulturbolschewisten aufgeräumt haben und Stein an Stein fügten um in unserem Volk das verschüttete Bewusstsein für die deutschen Kulturwerte wieder zu wecken, wollen wir auch mit den noch in unserer Unterhaltungs- und Tanzmusik verbliebenen zersetzenden Elementen Schluss machen. Dieses Verbot ist kein Symptom für eine irgendwie geartete Auslandsfeindschaft des deutschen Rundfunks, vielmehr reicht der deutsche Rundfunk allen Völkern die Hand zum freundschaftlichen Kultur- und Kunstaustausch. Was aber zersetzend ist und die Grundlage unserer ganzen Kultur zerstört, das werden wir ablehnen. Wir werden dabei ganze Arbeit leisten.
Der Niggerjazz ist von heute ab im deutschen Rundfunk endgültig ausgeschaltet. Zwischen dem Präsidenten der Reichsmusikkammer und dem Leiter des Berufsstandes deutscher Komponisten, der Hitler-Jugend, dem Reichsverband deutscher Rundfunkteilnehmer der Rundfunkfachpresse, der Parteipresse und der Reichssendeleitung wurde die Schaffung eines Prüfungsausschusses für deutsche Tanzmusik der Reichssendeleitung vereinbart. Dieser Ausschuss entscheidet für den Rundfunk endgültig über die Aufführungsgenehmigung oder Verbot eines Werkes.
Völkischer Beobachter, Oktober 1935

Im Winter 1937/38 schlossen sich in Hamburg Jungen und Mädchen meist aus gehobenen Gesellschaftsschichten, die sich schon von der Schule oder aus exklusiven Sport-Klubs kannten, beim Eislaufen zur sogenannten „Eisbahn-Clique" zusammen. Man besuchte gemeinsam ein bestimmtes Lokal, trug auffällige Kleidung und schwärmte für englische Musik und englischen Tanz (...) Die männlichen Angehörigen wurden legitimiert durch ihre langen, oft bis zum Rockkragen reichenden Haare (Haarlänge bis zu 27 cm). Vorwiegend trug man lange, häufig karierte englische Sakkos, Schuhe mit dicken, hellen Kreppsohlen, auffallende Schals, auf dem Kopf einen Unger-Diplomat-Hut, über den Arm bei jedem Wetter einen Regenschirm als Abzeichen im Knopfloch einen Frackhemdenknopf mit farbigem Stein.
Auch die Mädchen bevorzugten eine lange herabwallende Haartracht. Die Augenbrauen wurden nachgezogen, die Lippen gefärbt und die Fingernägel lackiert. (...) Man redet sich untereinander an mit „Swing-Boy", „Swing-Girl" oder „Old-hot-Boy". Man beendet Briefe mit „Swing-Heil".
Denkschrift der Reichsjugendführung 1942

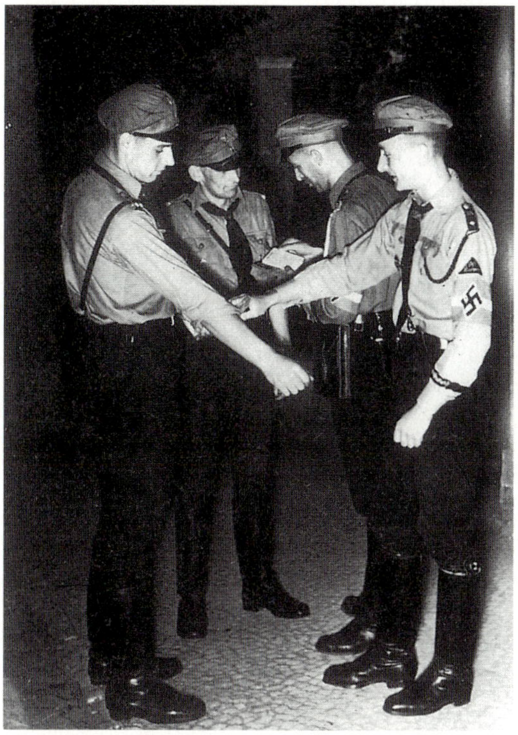

1

33.1 Angehörige des HJ-Streifendienstes führen eine Kontrolle durch

Gab es da wie in fast allen jugendlichen Subkulturen auch bestimmte Kodizes in Form von Moden und Habitus?

Albert Mangelsdorff: Ja, und zwar nicht zuletzt inspiriert durch Artikel und Abbildungen im „Völkischen Beobachter", in denen über Jazz hergezogen wurde. Unter einem Foto der Hände von Benny Goodman las man „Verbrecherhände"; andererseits sah man junge amerikanische Jazzfans abgebildet, sogenannte „Zoot Suiters". Die hatten ganz bestimmte enge Röhrenhosen an und weite Jacketts, dazu lange, hängende Uhrketten und anderes. Das wurde nachgemacht (...) Die Haartracht war auch ein gewisses Erkennungszeichen der Leute, die in den Jazzkreisen verkehrten. Selbst ich lief damals, bereits als Zwölf- bis Dreizehnjähriger, mit längeren Haaren herum (...) Jazz stand ja für uns nicht nur als Symbol für Lebensfreude. Jazz stand für Freiheit und damit im Gegensatz zu dem, was da oben war. (...)

Interview mit Albert Mangelsdorff

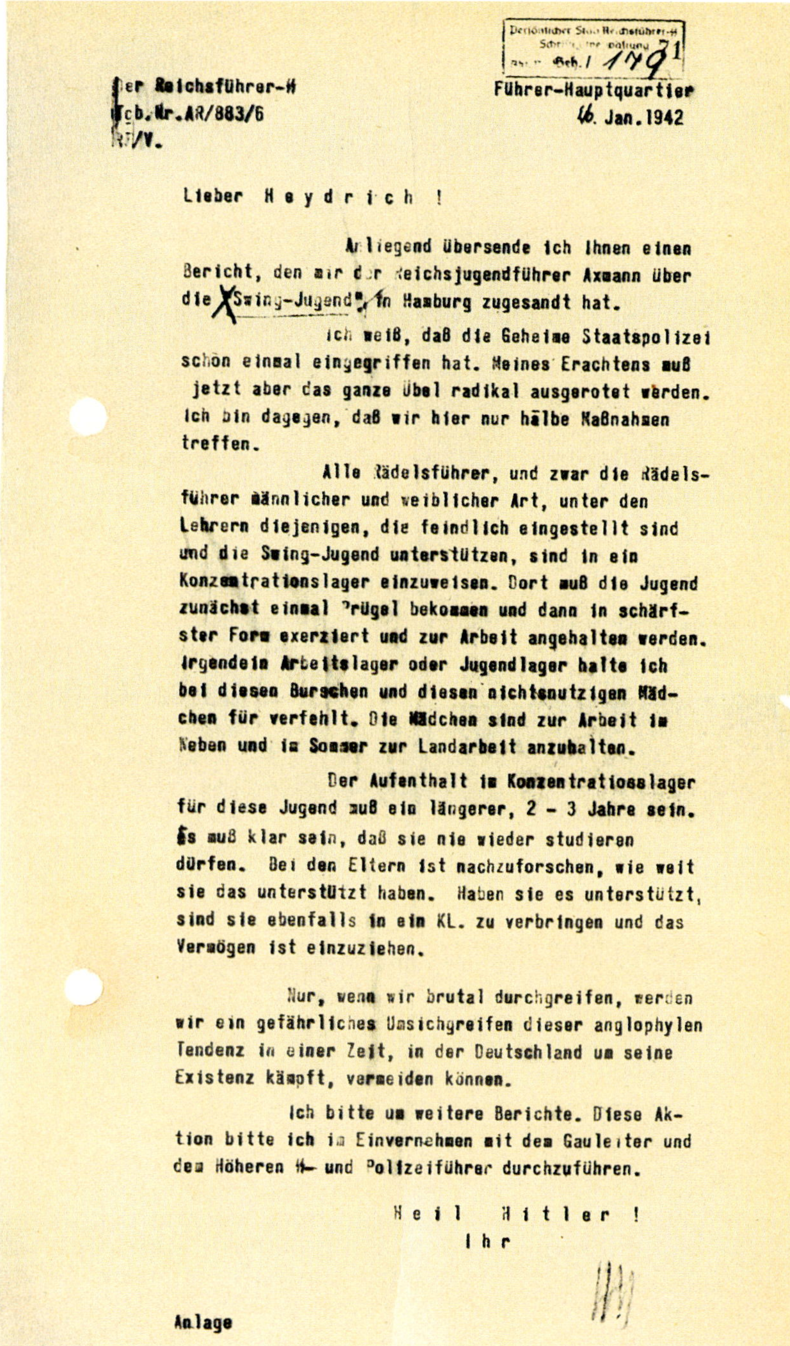

Der Reichsführer-SS
Tgb. Nr. AR/883/6
RF/V.

Führer-Hauptquartier
16. Jan. 1942

Lieber Heydrich!

Anliegend übersende ich Ihnen einen Bericht, den mir der Reichsjugendführer Axmann über die „Swing-Jugend" in Hamburg zugesandt hat.

Ich weiß, daß die Geheime Staatspolizei schon einmal eingegriffen hat. Meines Erachtens muß jetzt aber das ganze Übel radikal ausgerotet werden. Ich bin dagegen, daß wir hier nur halbe Maßnahmen treffen.

Alle Rädelsführer, und zwar die Rädelsführer männlicher und weiblicher Art, unter den Lehrern diejenigen, die feindlich eingestellt sind und die Swing-Jugend unterstützen, sind in ein Konzentrationslager einzuweisen. Dort muß die Jugend zunächst einmal Prügel bekommen und dann in schärfster Form exerziert und zur Arbeit angehalten werden. Irgendein Arbeitslager oder Jugendlager halte ich bei diesen Burschen und diesen nichtsnutzigen Mädchen für verfehlt. Die Mädchen sind zur Arbeit im Weben und im Sommer zur Landarbeit anzuhalten.

Der Aufenthalt im Konzentrationslager für diese Jugend muß ein längerer, 2 – 3 Jahre sein. Es muß klar sein, daß sie nie wieder studieren dürfen. Bei den Eltern ist nachzuforschen, wie weit sie das unterstützt haben. Haben sie es unterstützt, sind sie ebenfalls in ein KL. zu verbringen und das Vermögen ist einzuziehen.

Nur, wenn wir brutal durchgreifen, werden wir ein gefährliches Umsichgreifen dieser anglophylen Tendenz in einer Zeit, in der Deutschland um seine Existenz kämpft, vermeiden können.

Ich bitte um weitere Berichte. Diese Aktion bitte ich im Einvernehmen mit dem Gauleiter und dem Höheren SS- und Polizeiführer durchzuführen.

Heil Hitler!
Ihr

Anlage

2

33.2 Brief vom Reichsführer der SS Heinrich Himmler

20
Eine der beliebtesten Bands war das Swing-Orchester Teddy Stauffer mit seinen „Original Teddies". Teddy Stauffer erzählt von seinen Erlebnissen mit der SS in Berlin 1937.

21
Der Hamburger „Swing-Boy" Günter Discher wird 1942 als 17-Jähriger verhaftet und kommt ins KZ Moringen ...

Ich bin wieder Untersekundaner, in den Flegeljahren, trage einen grauen, auswattierten, zweireihigen Yorkshire-Flanellanzug, Kreppsohlen unter den Schuhen, die Strickkrawatte zu einem Mini-Windsorknoten gebunden. Damit bin ich hinlänglich als Swingboy ausgewiesen. Im Alsterpavillon sind wir unter uns, jeder zwar in seiner Clique, aber die Cliquen vereint das gleiche Feeling, die gleiche Liebe zu Hot und Jazz, die gleiche Verachtung für Hitlerjugend und braune Uniformen.

Uwe Storjohann 1991

Damals trug ich Lackschuhe und weiße Kragen schon am Vormittag. Das lange, pomadige Haar lag mir glatt am Kopf, in der Mitte gescheitelt. Dazu übte ich einen müden Blick aus halb geschlossenen Augen, so als lohne es sich nicht, in den Tag zu sehen. Den Kopf leicht geneigt, begegnete ich einer rohen Welt, die mich „Tangojüngling" nannte.

Rudolf Lorenzen 1980

34.1 Lyonel Feininger (1871-1956): Hopfgarten (Teltow), 1920 66 x 83 cm Mineapolis, Mineapolis Institute of Art (1937 ausgestellt in München auf der „Entarteten Kunst")

34.2 Verbotsschild der Reichskulturkammer

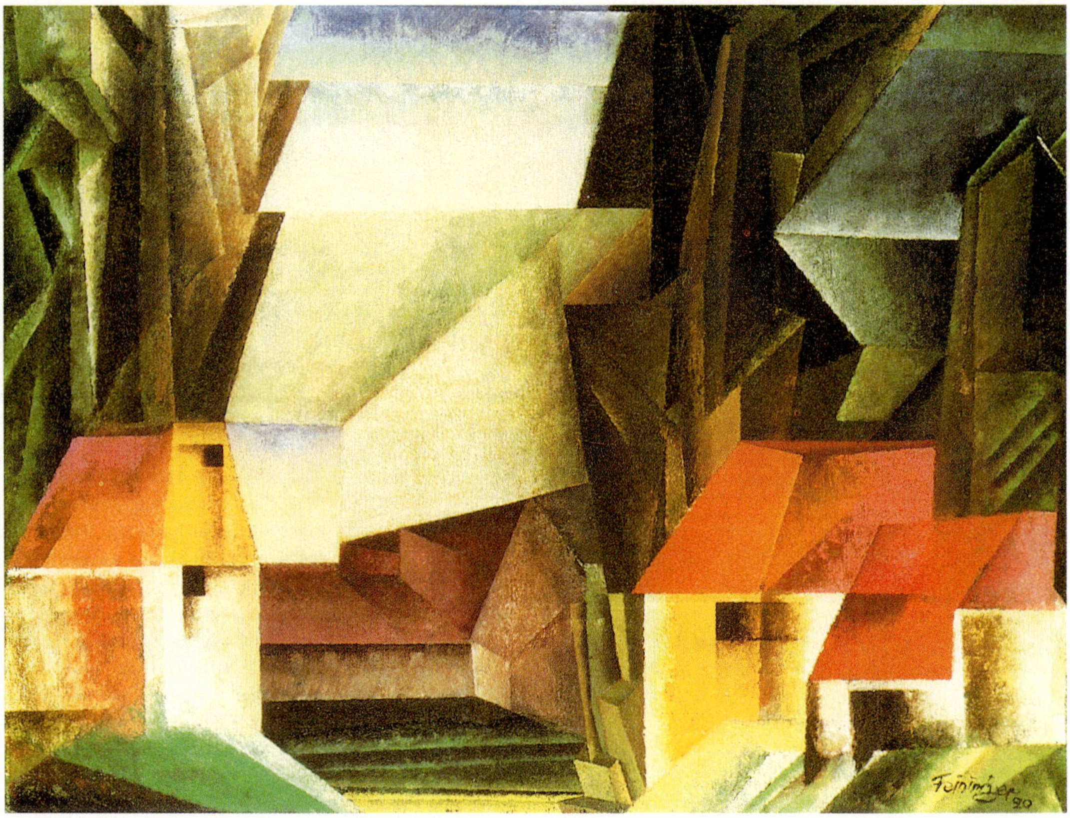
1

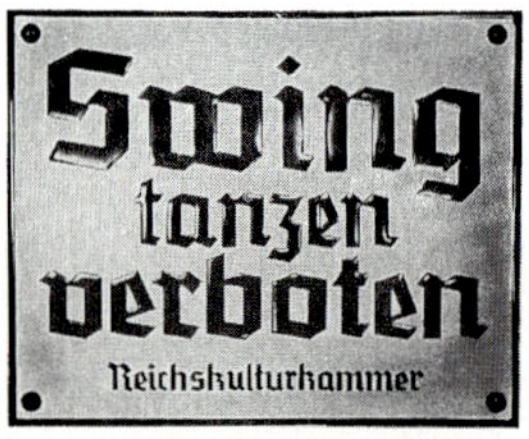

2

Aber hatte man nicht, als – ich war 14 Jahre alt – Gedichtbände von Baudelaire, Verlaine, Rimbaud und Schallplatten von Duke Ellington, Benny Goodman, Artie Shaw bei mir entdeckt worden waren, meiner Familie rundheraus empfohlen mich nach Abschluss des Schuljahres von der Schule zu nehmen, mit der eher freundlich gemeinten Begründung, ich sei der Schule entwachsen (...)
Ich glänzte in Grammatik, ich genoss Sprachformen und Satzperioden und übte mich in ihnen zu meiner puren Lust am Text, ich delektierte mich an Quadrat und Kubus und – außerhalb der Schule, versteht sich – an einer allenthalben als „volksfremd" und „entartet" erachteten, namentlich der kubistischen Malerei, derart, dass ich mir von irgendwo versteckten Reproduktionen heimlich Ansicht verschaffte. Aber warum nur musste ich unterhalb meines einsamen Enthusiasmus für die Gitarren von Picasso, Gris, Braques, für die Schiffe und Kirchen von Lyonel Feininger oder die Pferde und Rehe von Franz Marc die bohrende, würgende Angst verspüren: Dafür, dass du diese Bilder magst, schlagen sich dich mal tot!?
Ein Zufall war's, als ich einmal die Schallplatte des Titels „A Tisket A Tasket" hörte, vom Orchester Chick Webb gespielt, gesungen von einer zur Zeit dieser Aufnahme noch recht jungen Schwarzamerikanerin des Namens Ella Fitzgerald, – aber mitten in mein Entzücken mischte sich wieder die Angst: Mein Gott, wenn das ruchbar werden sollte, dass mir das gefällt, was dann?

Thorsten Müller 1984

In The Mood
Joe Garland/ Glenn-Miller-Band (1939)

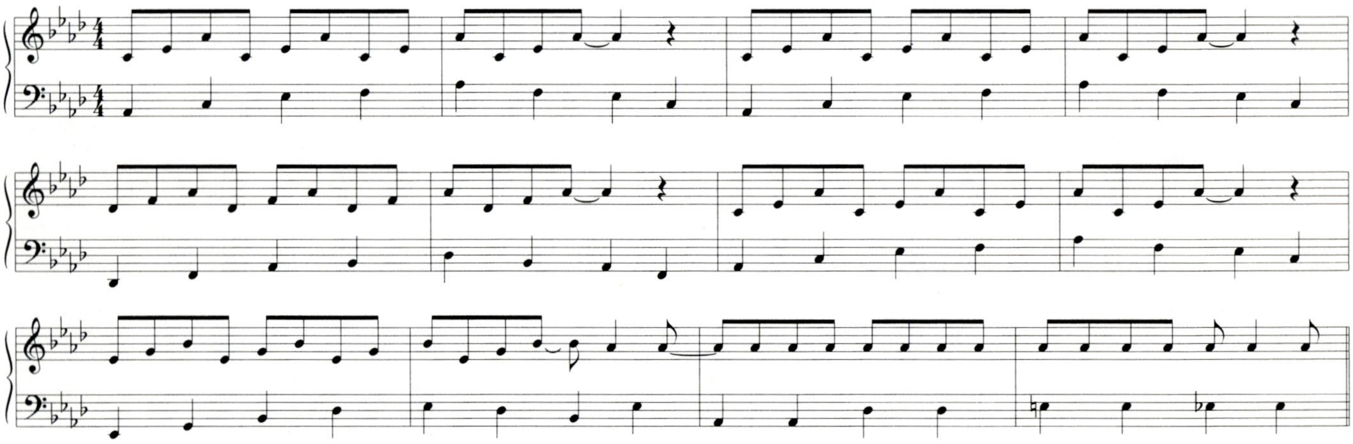

Organ Grinder's Swing
Will Hudson

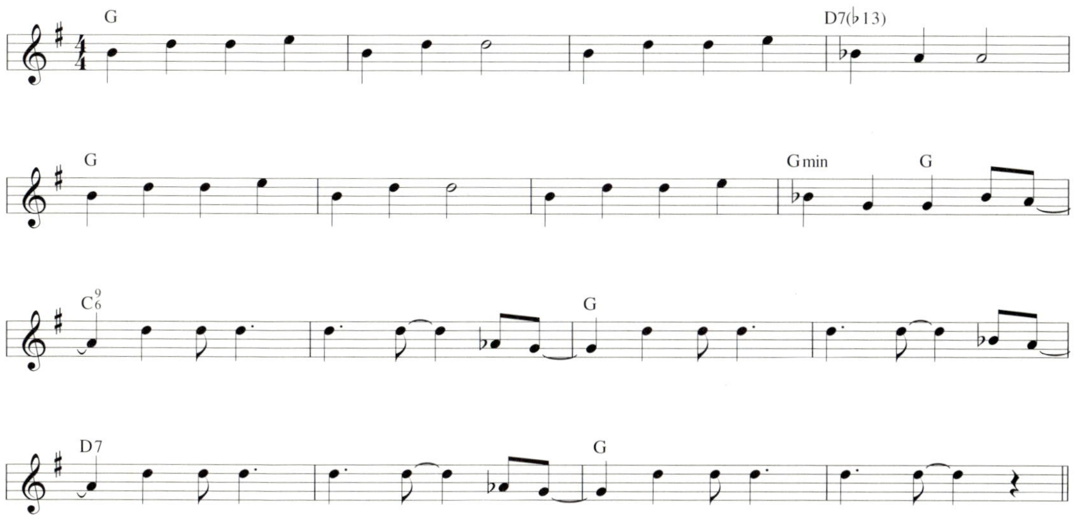

22
✔ Hören Sie Teddy Stauffers Titel, der in Deutschland auch „Hofkonzert im Hinterhaus" hieß und zu dem es eine ganze Reihe von z. T. obszönen Textparodien gab („Fritze wollte baden gehn, bis zum Bauch im Wasser stehn …"). Achten Sie beim Hören auf Besetzung, Rhythmus, Tempo; wie ist das Thema arrangiert, welche Instrumente improvisieren? Vergleichen Sie dieses Beispiel mit modernen Swingarrangements.

Der Anblick, der sich uns hier offenbarte, war ein erschütternder. Es waren ca. 500 Personen anwesend, wovon nicht eine einzige über 22 oder 23 Jahre alt gewesen sein mag. Auf dem Flügel der Kapelle sah ich bei meinem Eintritt ein Schild mit der Aufschrift: „Swing erbeten!" Ein vor dem „Erbeten" stehendes Kreuz ließ darauf schließen, dass das Schild einmal „Swing verboten" hieß. Nach 5 Minuten wurde das Schild entfernt, da sich inzwischen im ganzen Raum herumgesprochen hatte, dass jemand von der Gestapo anwesend sei. Der Anblick der etwa 300 tanzenden Personen war verheerend. Kein Paar tanzte so, dass man das Tanzen noch als einigermaßen normal bezeichnen konnte. Es wurde in übelster und vollendetster Form geswingt. Teilweise tanzten zwei Jünglinge mit einem Mädel, teilweise bildeten mehrere Personen einen Kreis, wobei man sich einhakte und in dieser Weise dann weitergehüpft wurde. Viele Paare hüpften so, indem sie sich an den Händen anfassten und dann in gebückter Stellung, den Oberkörper schlaff nach unten hängend, die langen Haare wild im Gesicht, halb in den Knien mit den Beinen herumschleuderten (...) Bezeichnend ist, dass fast ausschließlich ausländische Tanzmusik gespielt wurde (…) Es waren ausschließlich vollendete „Tangoboys" anwesend mit dem berüchtigten langen Haarschnitt (…) Während des Swings wurden die Haare dann nach vorn geworfen, sodass sie ins Gesicht hingen (…)

Inspekteur des HJ-Streifendienstes Hamburg
1940

Aus dem 1927 von Afro-Amerikanern kreierten Lindy Hop, benannt nach dem Atlantik-Flug von Charles Lindbergh, wurden in den 30er-Jahren Swing und Jitterbug entwickelt. Die Luftfiguren, die damals in den Jitterbug eingeführt wurden, übernahm später der moderne akrobatische Rock'n'Roll. Inzwischen ist das Rebellische, Unorthodoxe, Freie, das diese Tänze (und die zugrunde liegende Musik) auszeichnete, weit gehend beseitigt: Der Jitterbug wurde gezähmt und wurde zuerst als Boogie, dann in den Sechziger Jahren als Jive von den Lehrern des Gesellschaftstanzes anerkannt. Unter dem Begriff Jive, der ja bekanntlich trotz seines nordamerikanischen Ursprungs zur Gruppe der lateinamerikanischen Turniertänze gehört, werden heute auch die Boogie- und Rock'n'Roll-Schritte zusammengefasst.

23
✔ Versuchen Sie auf einen Swingtitel Rock'n'Roll und Jive zu tanzen.

24
✔ Zeigen Sie an den beiden Musikbeispielen (Swing: „In The Mood" der Glenn-Miller-Band, Takt 9-33 und Rock'n'Roll: „True Fine Mama" von Little Richard) musikalische Gemeinsamkeiten und Unterschiede (Rhythmus der Melodie, der Begleitung, Tempo, Harmonik, Basslauf, Form, Besetzung/Sound).

35.1 Rock'n'Roll mit Luftfigur

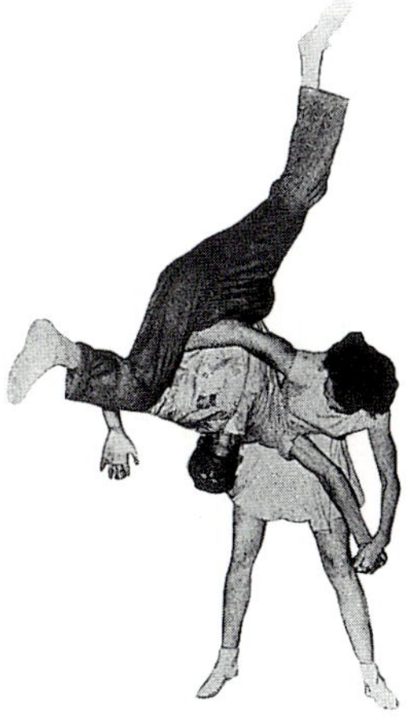

True Fine Mama
Little Richard (1955)

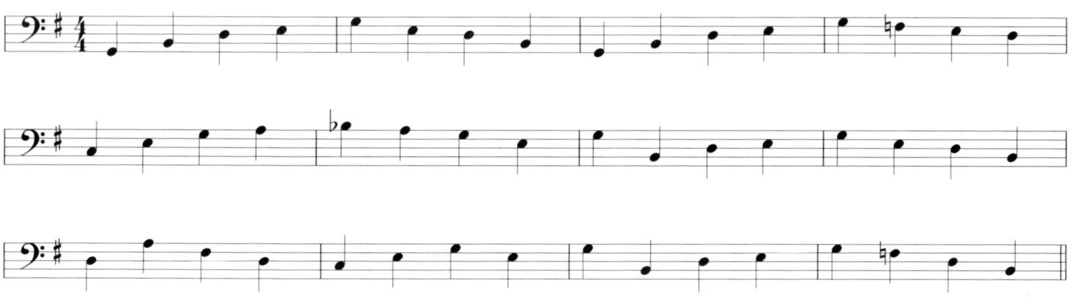

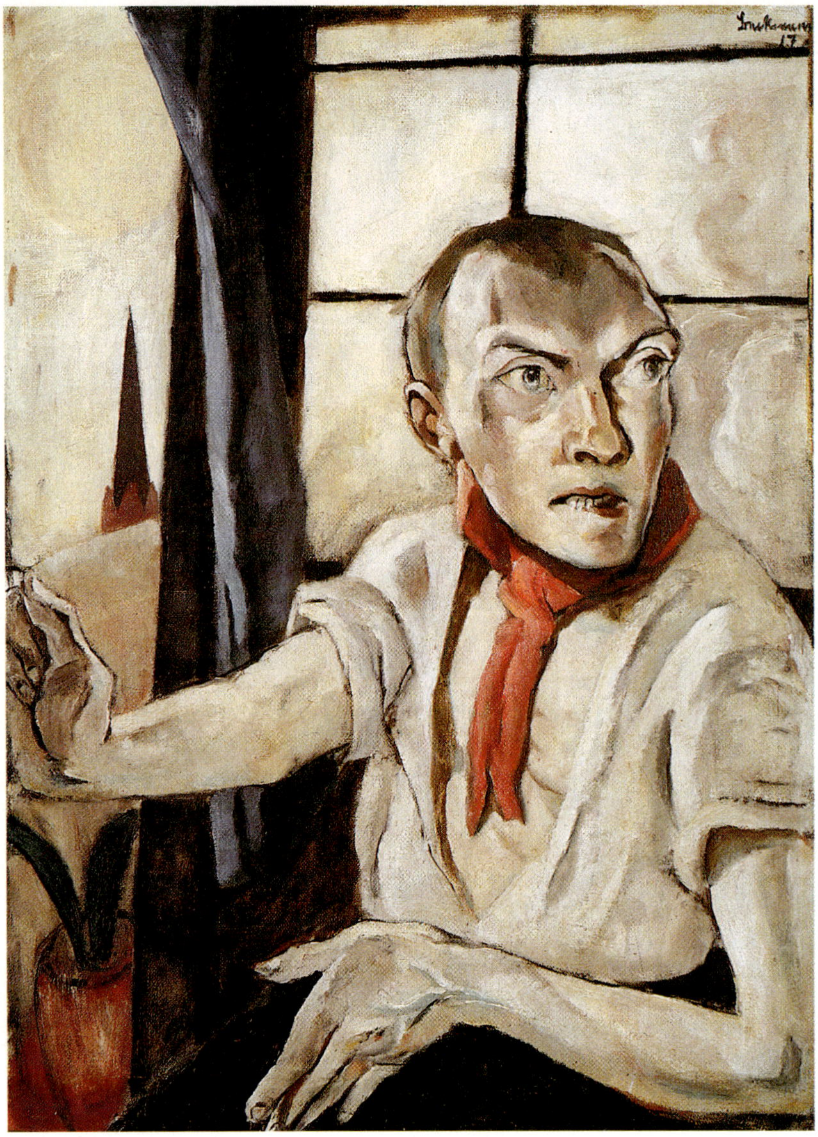

36.1 Max Beckmann (1884-1950): Selbstbildnis mit rotem Schal, 1917
Öl auf Leinwand, 80 x 60 cm
Staatsgalerie Stuttgart

Dieses Bild wurde am 10. Juli 1937 in der Staatsgalerie Stuttgart beschlagnahmt, dann ausgestellt bei der „Entarteten Kunst" 1937 in München (Hopfgartenarkaden, Obergeschoss, Raum 4). Auf der Auktion der Galerie Fischer in Luzern 1939 für den Schätzpreis von sFr. 1700,– angeboten findet es keinen Käufer. Später geht es an den Hamburger Kunsthändler Gurlitt zum Preis von SFr 300,– (RM 168,–), von dort an den Kunstsammler Günther Franke, München. 1948 Rückkauf durch die Staatsgalerie Stuttgart von Franke für DM 3500,–.

Bertolt Brecht:
Über die Bezeichnung Emigranten (1937)
(gekürzt)

Immer fand ich den Namen falsch, den man uns gab:
Emigranten.
Das heißt Auswanderer. Aber wir
Wanderten doch nicht aus, nach freiem Entschluss
Wählend ein andres Land, wanderten wir doch auch nicht
Ein in ein Land, dort zu bleiben, womöglich für immer.
Sondern wir flohen. Vertriebene sind wir, Verbannte.
Und kein Heim, ein Exil soll das Land sein, das uns da aufnahm.
(...) keiner von uns
Wird hier bleiben. Das letzte Wort
Ist noch nicht gesprochen.

Hans Sahl: Exil (1942)

Es ist so gar nichts mehr zu sagen.
Der Staub verweht.
Ich habe meinen Kragen hochgeschlagen.
Es ist schon spät.

Die Winde kreischt. Sie haben ihn begraben.
Es ist so gar nichts mehr zu sagen.
Zu spät.

25

Emigration von Musikern
Aus Deutschland emigrierten (Auswahl):
– nach Österreich Ralph Benatzky
– in die UdSSR Carola Neher
– in die Niederlande Carl Flesch
– nach Frankreich Paul Dessau
– nach Großbritannien Richard Tauber, Micha Spolansky, Matyas Seiber
(als Zwischenstation: Hanns Eisler, Ernst Toch)
– in die Tschechoslowakei Leo Kestenberg
– in die USA Hanns Eisler, Friedrich Hollaender, Otto Klemperer, Erich Wolfgang Korngold, Fritz Kreisler, Ernst Krenek, Hugo Leichtentritt, Arnold Schönberg, Ernst Toch, Franz Waxmann, Kurt Weill, Alexander Zemlinsky
– nach Argentinien Josef und Michael Gielen, Erich und Carlos Kleiber
– nach Chile Hans Loewe
– nach Japan Manfred Gurlitt

Emigration Bildender Künstler
Aus Deutschland emigrierten (Auswahl):
– in die USA: Max Beckmann (1937 über Frankreich nach Holland, 1947 in die USA), Max Ernst (1941 aus Frankreich), Lyonel Feininger (1937), Walter Gropius (1934 England, 1937 USA), George Grosz (1933)
– nach England: John Heartfield (1933 Tschechoslowakei, 1938 England), Oskar Kokoschka (1934 Tschechoslowakei, 1938 England), Ludwig Meidner (1939)
– nach Frankreich: Wassily Kandinsky (1933)
– in die Schweiz: Paul Klee (1933), Johannes Itten (1938 über Holland), Hanns Purrmann (1943)
– nach Belgien: Felix Nussbaum (1935)
In Deutschland gingen in die „innere Emigration" (Auswahl): Ernst Barlach, Willi Baumeister, Otto Dix, Conrad Felixmüller, Ernst Heckel, Karl Hofer, E.W. Nay, Emil Nolde, Ernst Wilhelm Otto, O. Pankok, Oskar Schlemmer, Karl Schmidt-Rottluff, Max Pechstein.

Mein Vater wird gesucht

Text: Hans Drach/ Vertonung: Gerda Kohlmey

26

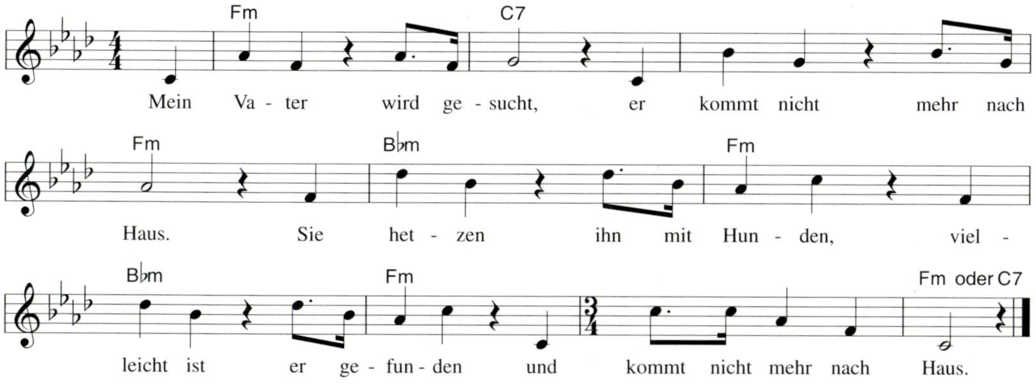

Hans Drach gehörte einer in die UdSSR emigrierten Arbeitertheatergruppe an. Er schickte die Liedverse zur Vertonung an Gerda Kohlmey, die in der Prager Emigration lebte. Gedruckt wurde das Lied zum ersten Mal in der AIZ (Arbeiter-Illustrierte-Zeitung) Prag von 22.8.1935.

2. Oft kam zu uns SA
und fragte, wo er sei.
Wir konnten es nicht sagen,
sie haben uns geschlagen.
Wir schrien nicht dabei.

3. Die Mutter aber weint,
wir lasen im Bericht,
der Vater sei gefangen
und hätt' sich aufgehangen –
das glaub' ich aber nicht.

4. Er hat uns doch gesagt,
so etwas tät' er nicht.
Es sagten die Genossen,
SA hätt' ihn erschossen –
ganz ohne ein Gericht.

5. Heut weiß ich ganz genau,
warum sie das getan.
Wir werden doch vollenden,
was er nicht konnt' beenden –
und Vater geht voran!

(aus: Lieder aus den faschistischen Konzentrationslagern, © C.F. Peters Musikverlag, Frankfurt/Main

Hilde Domin: Exil (1963)

Der sterbende Mund
müht sich
um das richtig gesprochene
Wort
einer fremden
Sprache.

Bertolt Brecht: Die Bücherverbrennung (1938)

Als das Regime befahl, Bücher mit schädlichem Wissen
Öffentlich zu verbrennen und allenthalben
Ochsen gezwungen wurden, Karren mit Büchern
Zu den Scheiterhaufen zu ziehen, entdeckte
Ein verjagter Dichter, einer der besten, die Liste der
Verbrannten studierend, entsetzt, dass seine
Bücher vergessen waren. Er eilte zum Schreibtisch
Zornbeflügelt, und schrieb einen Brief an die Machthaber.
Verbrennt mich! schrieb er mit fliegender Feder.
Verbrennt mich!
Tut mir das nicht an! Lasst mich nicht übrig! Habe ich nicht
Immer die Wahrheit berichtet in meinen
Büchern? Und jetzt
Werd ich von euch wie ein Lügner behandelt! ich befehle euch:
Verbrennt mich!

Aber um Männer etwa wie Nolde oder Barlach entbrennt eine temperamentvolle Auseinandersetzung. Eine Gruppe nationalsozialistischer Künstler will diese beiden aus unserem Vorstellungsbild einer kommenden Kunst ausgeschieden wissen, eine andere, die sich revolutionär nennt, hebt sie aufs Schild.
Versuchen wir uns über allen Subjektivismus hinaus ein Urteil zu bilden, das dem Stil des nationalsozialistischen Gesamtdenkens entspricht, so werden wir festzustellen haben, dass trotz aller Verschiedenheit der Moden und Trachten, trotz aller Jahrtausende, trotz aller politischen Erschütterungen ein ausgeprägtes Schönheitsideal die Künstler nordischer Prägung beherrscht hat. Nirgends schöner als in Hellas tritt uns dies machtvolle, naturnahe Ideal entgegen.(...)
Fragt man sich nun, wie die Stellung zu Nolde und Barlach sein müsse, so wird man, so glaube ich wenigstens für meine Person sagen zu können, dass zweifellos beide Künstler eine ausgesprochene Begabung aufweisen, eine Seelandschaft von Nolde z. B. im Kronprinzenpalais ist stark und wuchtig gemalt. Daneben hängen aber einige Bildnisversuche: negroid, pietätlos, roh und bar jeder echten inneren Formkraft. Barlach seinerseits beherrscht sein Material virtuos und seiner Schnitzkunst wird niemand Monumentalität absprechen. Aber was er an Menschen gestaltet, das ist fremd, ganz fremd: erdversklavte Massigkeit und Freude an der Wucht der Schwere und Materie. Das sind keine „mecklenburgischen Bauern", oh nein, diese schreiten ganz anders über die Erde als jenes Barlach'sche Menschentum!

Alfred Rosenberg, 1933

37. 1 Ernst Barlach (1870-1938)
Der singende Klosterschüler, 1930
Klinker, Höhe 207 cm
Lübeck, St. Katharinen, Westwand, aufgestellt 1947

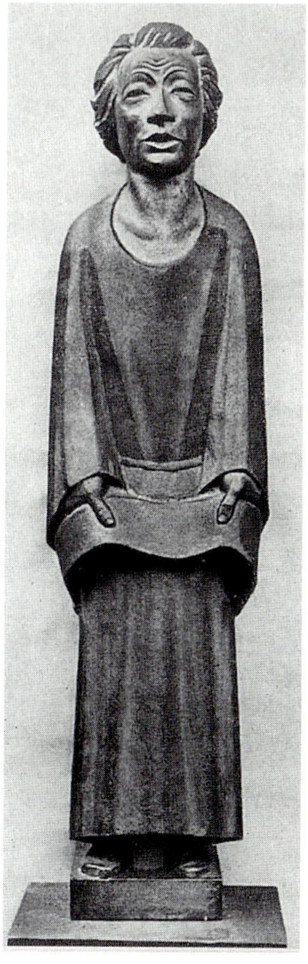

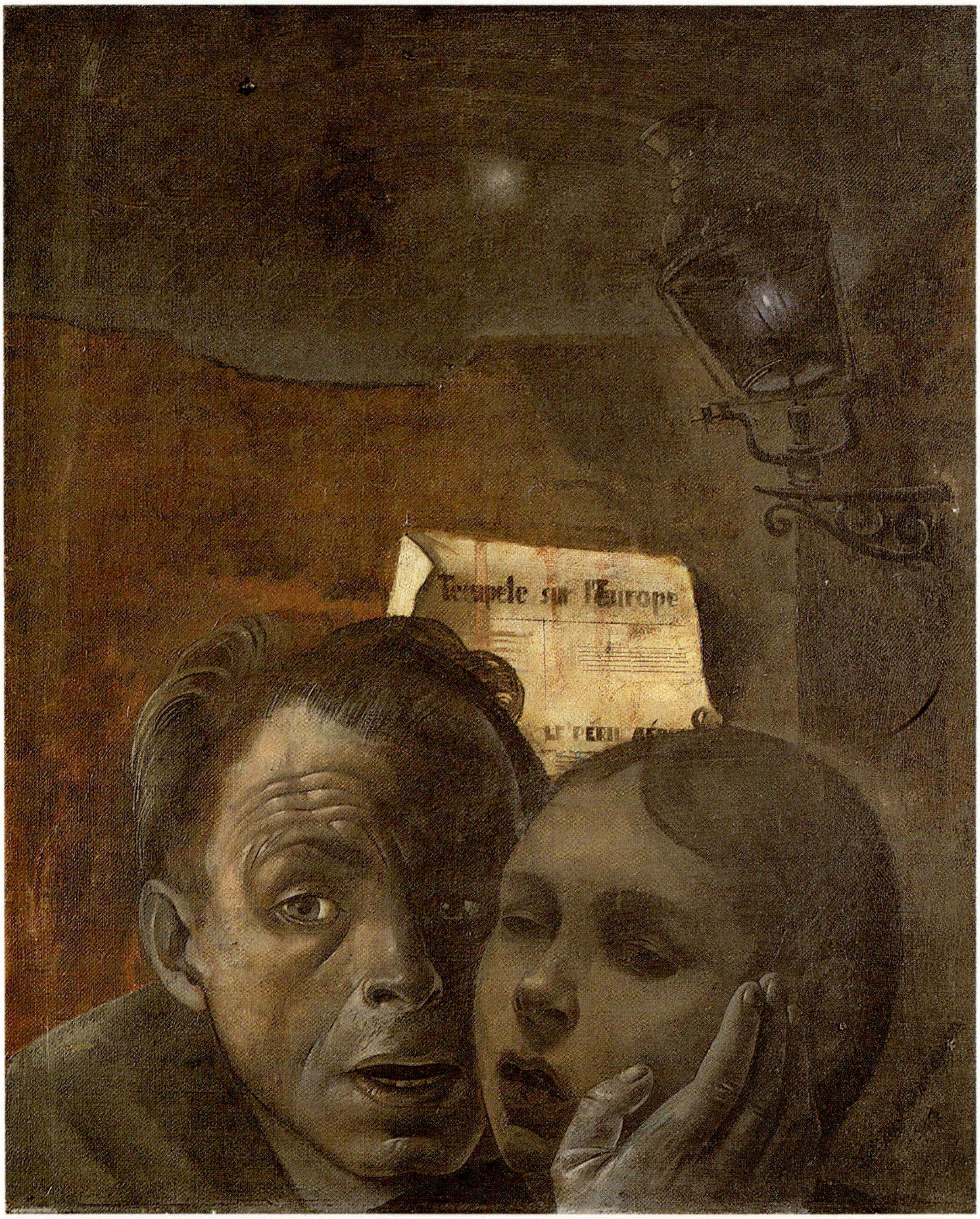

38.1 Felix Nussbaum: Angst (Selbstbildnis mit seiner Nichte Marianne), 1941. Öl auf Leinwand, 51 x 39,5 cm Kulturgeschichtliches Museum Osnabrück

Felix Nussbaum
geb. 1904 in Osnabrück; 1922-29 Studium in Hamburg, Berlin. 1929 gemeinsames Atelier mit Felka Platek in Berlin; 1932-33 Studium an der Deutschen Akademie in der Villa Massimo, 1935 Emigration nach Belgien (auf sechs Monate begrenztes Touristenvisum/ Fremdenpass: in der Folge alle sechs Monate Umzug in andere Stadtteile bzw. Vororte, erleichterte das Erhalten eines Fremdenpasses, der jedoch mit Arbeitsverbot verbunden war).
1936 in Ostende. Brotarbeiten: Bemalung von Fliesen und Porzellantellern. 1937 Brüssel, Heirat mit Felka Platek, Wohnung in der Rue Archimède 22; 1938 Teilnahme an der „Freien Deutschen Kunst“, Paris, die dort als Gegenausstellung zur Diffamierungsausstellung in München gezeigt wird.
1940 mit dem Einmarsch der deutschen Truppen in Belgien als „feindlicher Ausländer“ verhaftet und in das Lager S. Cyprien (Pyrenäen) gebracht: dort Antrag auf „Rückführung ins Reich“ (sog. Rehabilitationsmaßnahme, galt jedoch nicht für Juden) flieht aus der Kaserne in Bordeaux nach Brüssel, dort Eintrag ins Judenregister. 1942 Aufnahme bei belgischem Bildhauer Ledel in der Rue Nouvelle 8, als die Familie Ledel untertaucht, 1943 Versteck in der alten Wohnung in der Rue Archimède in einem Mansardenzimmer, ein Ausweichatelier im Souterrain in der Rue General Gratry 25; 1944 Denunziation und Verhaftung am 20.6. durch Gestapo, über das Sammellager Malines (Mechelen) werden er und seine Frau noch mit dem letzten Transport nach Auschwitz deportiert. 2.8. Eintreffen in Auschwitz mit Transportnummer XXVI/284 (Felix Nussbaum) und XXVI/285 (Felka Platek); die belgischen Behörden halten als Todestag den 9.8.1944 fest.

Am 19. November 1941 erlassen die deutschen Militärbefehlshaber eine „Verordnung über den Luftschutz in Belgien und Nordfrankreich“. Das Bild „Angst“ von Felix Nussbaum könnte demnach bis Ende 1941 entstanden sein. Hinweis auf den Luftkrieg und die unmittelbare Bedrohung ist der Anschlag auf der Mauer: „Tempète sur l'Europe“ und „Le Péril Aérienne“ und das kaum am dunklen Himmel sichtbare Kampfflugzeug. Das blaue Glas der Laterne diente als Verdunklungsmaßnahme, die geknickte Laterne ist für den Maler ein Mittel Beunruhigung darzustellen.
Sein Bild „Dreiergruppe“ (Januar 1944) gehört zu den Werken, die bei der Verhaftung Nussbaums und seiner Frau im Atelier in der Rue General Gratry 23 zurückgeblieben sind.
Attribute der männlichen Figur: jüdischer Gebetsmantel und Gebetskäppchen, der gemäß ritueller Vorschrift nicht geschorene Bart.
Der Schatten: Gebetshaltung als Verweis auf den jüdischen Glauben und die Bedeutung des Buches Jeremias als Buch des Trostes: „Ich aber rief deinen Namen an, Herr, unten in der Grube, und du erhörtest meine Stimme: Verbirg deine Ohren nicht vor meinem Seufzen und Schreien! Du siehst, Herr, wie mir so Unrecht geschieht; hilf mir zu meinem Recht.“ (Jer. 3,55)
Der Baum: Seit 1942 benutzt Nussbaum den abgestorbenen Baum als Symbol seines Lebens. 1937 hatte der Maler in einem Brief an Ludwig Meidner geschrieben: „Ein Nussbaum hat ruhig auf einem Flecken zu stehen. Hoffentlich trägt sein Baum mal Früchte.“
Die Zeitung: „Le Soir“, als amtliches Mitteilungsblatt der deutschen Militärregierung Inbegriff für schlechte Nachrichten.
Die Landkarte: In den Wohnungen der untergetauchten Juden fanden sich Wandkarten mit dem

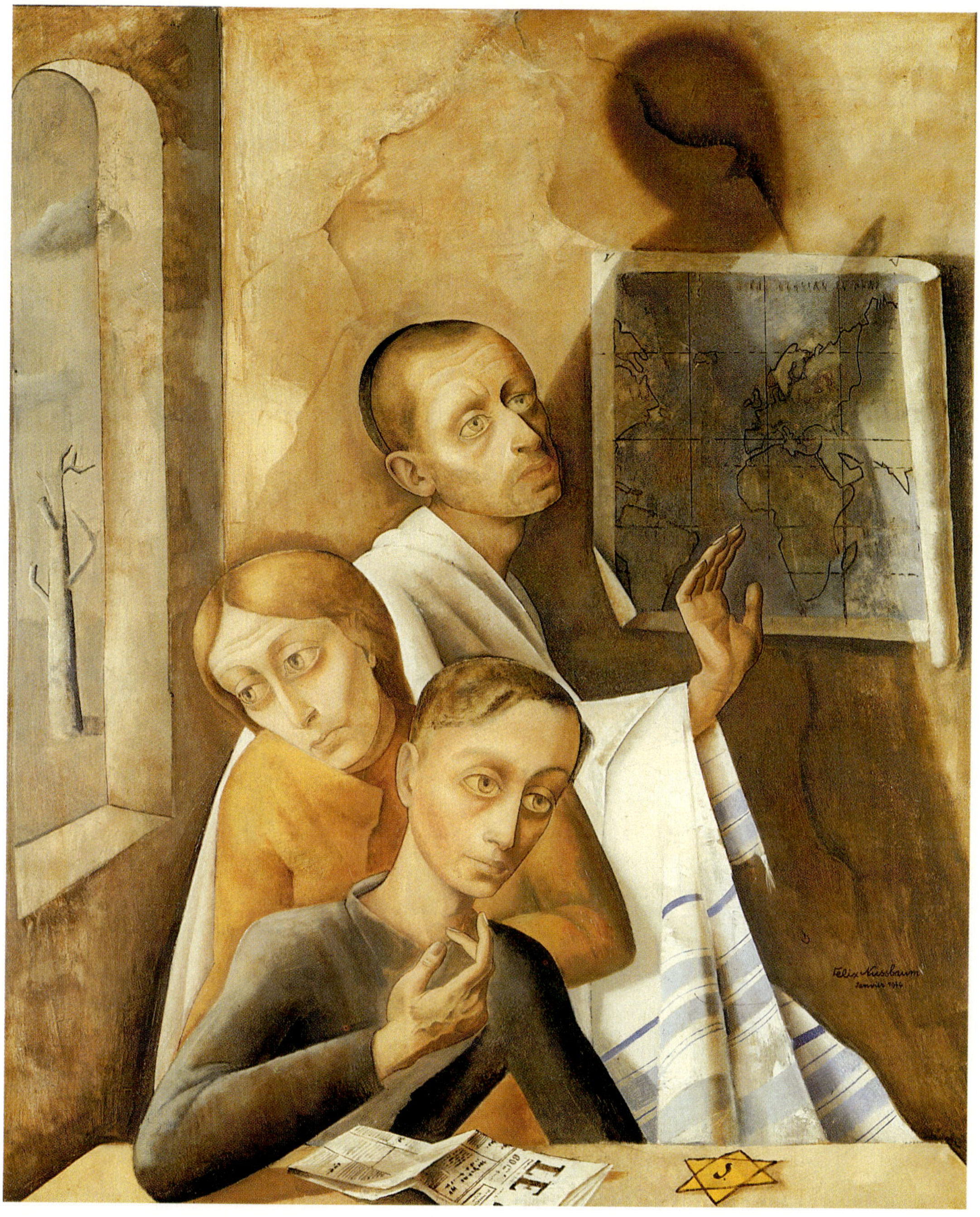

39.1 Felix Nussbaum: Dreiergruppe, 1944
Öl auf Lw., 102 x 82 cm
Deutsches Historisches Museum Berlin

Felka Platek
1899 im Ghetto Warschau, vermutlich Anfang der 20er-Jahre nach Berlin: Malerin, realistische Porträts; 1924 Studium an einer Freien Kunstschule: Lewin-Funcke-Schule bei Ludwig Meidner, der dort 1924/25 einen Lehrauftrag hatte. Felix Nussbaum studiert an derselben Schule, sie lernen sich kennen. Wird in der Osnabrücker Familie Nussbaum, die zu den assimilierten deutschen Juden gehört, als Ostjüdin nicht sehr geschätzt. Geht mit Felix Nussbaum nach Italien (gemeinsame künstlerische Arbeit) und in die Emigration. Sorgt dort durch Bemalen von Vasen, Tassen und Tellern für den täglichen Unterhalt, malt nur noch ihre unmittelbare Umgebung: Blicke aus dem Fenster, Dinge des Alltags, vereinsamt künstlerisch. Sichert mit konventionellen Porträts (nach Fotos) den Lebensunterhalt: Aufträge durch die Amsterdamer Verwandtschaft. Das Verhältnis von Felix zu ihr wird durch die immer bedrohlicher werdende Exilsituation distanziert.

eingezeichneten aktuellen Frontverlauf. Nussbaum war durch den Sohn des Hausbesitzers, der den englischen Sender abhörte, über den neuesten Standort der Alliierten informiert.
Der Judenstern: Im „Le Soir“ vom 28.5.1942 war die Verordnung über das Tragen eines Judensterns bekannt gegeben. Sie galt mit Wirkung vom 7.6. 1942. Seit 1942 beschäftigt sich Nußbaum in seinen Bildern mit der ihm verbleibenden Reaktion auf die Bedrohung seiner Existenz durch die „Judengesetzgebung“: Flucht oder Ausharren. Seit 1. Juli 1942 galt die Verordnung über die Aufenthaltsbeschränkung der Juden. Zwischen 20 Uhr und 7 Uhr ist der Aufenthalt in der Öffentlichkeit verboten. Der Bevölkerung wird die Beherbergung von Juden unter Strafandrohung untersagt. Nach Augenzeugenberichten hat Nussbaum nie einen Judenstern getragen. Anstelle des Judensterns lag in der Vorzeichnung ein vertrocknetes Blatt.

Die Personen: Der Maler, seine Frau und der Junge Jaqui. Die Familie, die Nussbaum ein Souterrainatelier zur Verfügung gestellt hatte, nimmt 1943 einen ca. 9 Jahre alten jüdischen Jungen auf. Jaqui besucht Nussbaum und seine Frau in ihrem Versteck in der Rue Archimède 22 oft mit dem Fahrrad. Anfang 1944 wird er als Jude erkannt und zu seinen Verwandten nach Paris gebracht. Dort überlebt er den Krieg.
Zur Komposition: Zitat des Renaissanceschemas der Sacra familia.
Zu den Farbtönen: Grün bedeutet für Nussbaum die Farbe des Todes, Brauntöne stehen als Symbol des Leids (Gefangenenkleidung im Lager St. Cyprien/Pyrenäen).
Zu den Räumen: Die Außenwelt hinter dem Rundbogenfenster deutet die Situation der Personen im Innenraum: der Außenraum ist des Malers innere Wirklichkeit, sein innerer Zustand.

Le Matin – premier journal de la résistance, 21.6.1944
Gestern wurde von der Gestapo in der Rue Archimède der im Untergrund bekannte und geschätzte Maler Felix Nussbaum mit seiner Ehefrau Felka Platek abgeholt. Sein Schicksal ist ...

Brüssel, 22, Rue Archimède
21. Juin 1944.
Lieber Jaqui,
gestern haben sie deine Freunde abgeholt, es war ...

Felka Platek
Brüssel, Rue Archimède
19. Juin 1944
Lieber Ludwig Meidner, erinnern Sie sich noch an mich, an Ihre Klasse in Berlin und an Felix Nussbaum? Uns geht es sehr schlecht, wir wohnen zur Zeit im Untergrund versteckt in einer kleinen Mansarde ...

✔ Schreiben Sie den Bericht und die Briefe weiter.

Leon Jessel
** Stettin 22.1.1871,*
† Berlin 4.1.1942, Theaterkapellmeister in Lübeck, Bielefeld und Kiel. Von seinen 18 Operetten hatte das „Schwarzwaldmädel“, 1917 Erfolg. Von seiner Unterhaltungsmusik ist die „Parade der Zinnsoldaten“ viel gespielt worden. J. starb als Opfer der Naziverfolgung.
(Ullstein Musiklexikon 7, 1958)

(…) Nach 1933 hatten seine Stücke in Deutschland Spielverbot (…)
(Brockhaus-Riemann-Musiklexikon 1978)

(…) Von 1934 bis 1945 durften seine Werke in Deutschland nicht aufgeführt werden. (…)
(Musik in Geschichte und Gegenwart)

✔ Vergleichen Sie die Aussagen in den Lexikonartikeln mit dem Lebenslauf rechts.

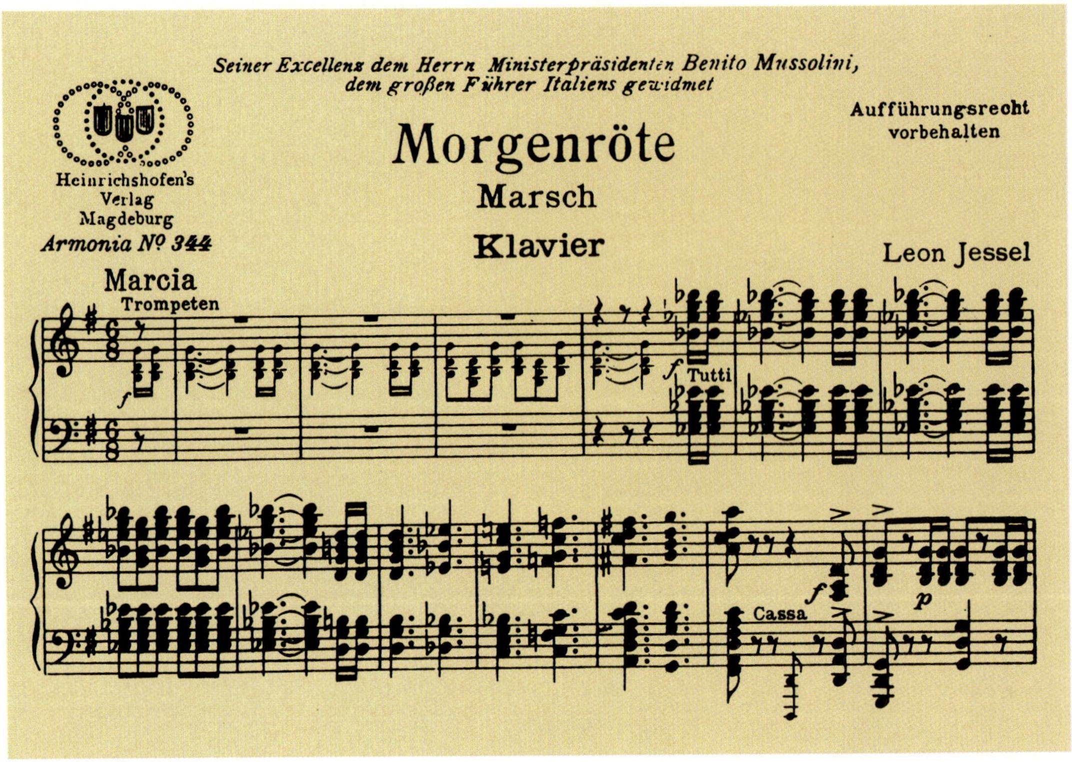

1

40.1 Der Marsch „Morgenröte“, Mussolini gewidmet, 1932 uraufgeführt.

Leon Jessel wurde 1871 in Stettin geboren. Sein Vater, ein jüdischer Kaufmann, stammte aus Polen, die Mutter war Amerikanerin. Nach einer Kaufmannslehre wird er 1891 Kapellmeister. 1894 tritt er aus der jüdischen Gemeinde aus und wird Christ. 1917 wird seine Operette Schwarzwaldmädel uraufgeführt. Es folgen bis 1925 Aufführungen an 2263 Bühnen und mehrere Verfilmungen (Stummfilme 1920 und 1929, Tonfilm 1933 mit W. Janssens).

Jessel bewirbt sich (vergeblich) um die Aufnahme in den NS-Kampfbund für deutsche Kultur; er zählt ab 1929 Joseph Goebbels zu seiner persönlichen Bekanntschaft; seine Frau tritt 1932 in die NSDAP ein und wird 1934 ausgeschlossen, mit der Begründung, die Fortdauer der Ehe mit einem Juden sei den Bestrebungen der Partei zuwider, die sich die gewaltige geschichtliche Aufgabe der Erhaltung der deutschen Art gestellt habe.

Den Marsch „Morgenröte“ widmet Jessel 1932 Benito Mussolini, „dem großen Führer Italiens“. 1938 beantragt er (vergeblich) die Mitgliedschaft in der NS Fachschaft der Komponisten. 1941 verhaftet ihn die Gestapo wegen angeblicher Hetze gegen das Reich. Er stirbt an den Folgen schwerer Misshandlungen im jüdischen Krankenhaus in Berlin am 4.1.1942.

Nach 1945 erweckt Anna Jessel den Eindruck, die Operette „Schwarzwaldmädel“ sei als entartete Kunst abgelehnt worden. Die Version, Jessel sei von den Nazis verfolgt und umgebracht worden, weil er Jude war, findet weite Verbreitung. Sein „Schwarzwaldmädel“ erlebt quasi als Wiedergutmachung neue große Erfolge; die Verfilmung 1950 mit Sonja Ziemann und Rudolf Prack, der erste deutsche Farbfilm nach dem Krieg, wird zum Auslöser einer ganzen Serie von Heimatfilmen.

27

✔ Das „Schwarzwaldmädel“ ist bis heute im Programm der Operettenbühnen, der Spielfilm „Schwarzwaldmädel“ von 1950 wird immer wieder im Fernsehen gesendet. Nennen Sie die Gründe für diese Beliebtheit. Lesen Sie die Inhaltsangabe im Operettenführer und sehen Sie sich Ausschnitte aus dem Film an.

2

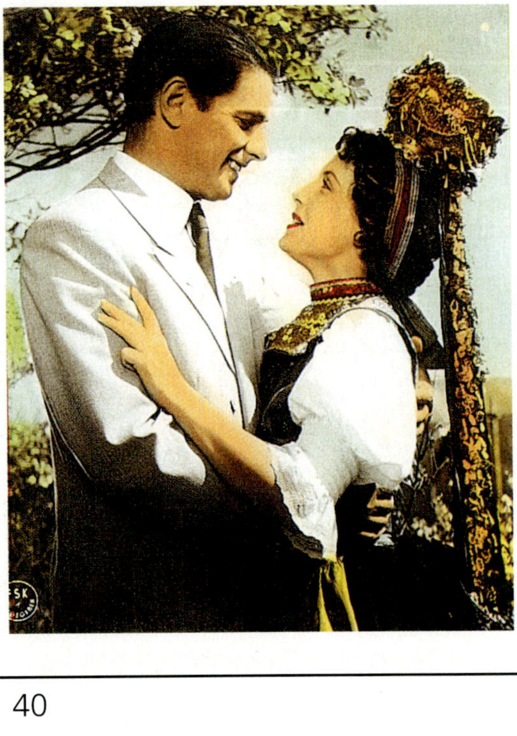

40.2 Rudolf Prack und Sonja Ziemann im Film „Schwarzwaldmädel“, 1950

Carl Orff

Vor 1933

In den Zwanzigerjahren hatte Carl Orff u. a. Kontakt mit Bertolt Brecht, Hermann Scherchen, Leo Kestenberg und Fritz Jöde. Diese Kontakte wurden ihm von rechtsgerichteten Kreisen übel genommen. Der nationalsozialistische „Kampfbund für deutsche Kultur“ zählte ihn zu den dekadenten Komponisten.

Die **Carmina Burana** wurden am 8. Juni 1937 in der Frankfurter Oper uraufgeführt. Die Aufführung war wegen Orffs zweifelhaften Rufs verzögert worden. Kritik wurde v. a. an den „undeutschen“ lateinischen und zum Teil erotischen Texten geübt. Diese „bayrischer Niggermusik“ sei „nicht erwünscht“. Allerdings gab es auch gegenteilige Stimmen, die die Carmina als „volksverbundene Kunst“ bezeichneten.

Diese Kantate ist ausdrucksmäßig ein Hohelied auf die Kraft ungebrochener Lebensinstinkte und musikalisch ein Zeugnis für die unzerstörbare, immer wieder hervorbrechende Macht der Volksweise, ihrer Melodik und ihrer rhythmischen Gewalt. Wenn das deutsche Musikschaffen der Gegenwart schon ein derartiges Werk herausstellen kann, dann brauchen wir wohl keine Sorge haben, dass die allgemeine Sehnsucht nach „volksverbundener Kunst“ unerfüllt bleibt.

(Horst Büttner in ZfM 1938)

Bis 1945 gab es kein grundsätzliches Verbot und die Carmina wurde mehrfach mit großem Erfolg in Deutschland aufgeführt, so z. B. in Dresden 1940 mit Karl Böhm, 1941 in Aachen und 1942 in Berlin mit Herbert von Karajan.

1936 komponierte Orff im Auftrag des Olympia-Organisationskomitees für die Olympiade in Berlin einen **Olympischen Reigen**, den Schülerinnen der Günther-Schule und über 4000 Kinder im Rahmen des Festspiels „Olympische Jugend“ nach einer Choreographie von Dorothee Günther tanzten. Die Günther-Tanzgruppe ging ab 1937 im Auftrag des Propagandaministeriums im In- und Ausland auf Tournee und reiste nach 1939 auch in die besetzten Gebiete. Außerdem studierte die HJ 1938 den Olympischen Reigen ein.

Das erste Heft des **Orff-Schulwerks** war 1931 erschienen. Von 1933 bis 1936 kamen noch zwölf Hefte und 1939 das erste Heft einer Neuausgabe heraus, mit der Orff sich durch Anlehnung an den NS-Trend zur Volks- und Hausmusik auch die Schulen und die HJ als Abnehmer erschließen wollte.

Im Frühjahr 1938 erhielt Orff vom Frankfurter Oberbürgermeister und NS-Kreisleiter den Auftrag zur Neuvertonung von Shakespeares **Sommernachtstraum.** Trotz Zeitdruck willigte er ein und am 14. Oktober 1939 wurde das Werk zum ersten Mal aufgeführt.

Kritik von Freunden und Kollegen nach Annahme des brisanten Auftrags wies Orff zurück. Mendelssohns – von den Nazis verbotene – Sommernachtstraum-Musik, die es zu ersetzen galt, sei „alter Hoftheaterstil“, seine Musik dagegen „richtige Theatermusik“ und kein „Mondschein mit Zuckerwasser“.

1945 konnte Orff trotz aller Hindernisse, die ihm in den Weg gestellt worden waren, und trotz aller Kompromisse, die er hatte schließen müssen, doch noch auf eine glanzvolle Karriere im Dritten Reich zurückblicken.

(Kater 1995)

Nach 1945

Orff behauptete nach dem Krieg, die Carmina Burana sei im Dritten Reich ebenso wie auch das Schulwerk „jahrelang verboten und verbannt“ gewesen, mit dem „Olympischen Reigen“ hätte er sein Schulwerk nur einem internationalen Forum vorstellen wollen. Bei der „Sommernachtstraummusik“ habe er Zugeständnisse machen müssen; er habe aber nie die Absicht gehabt Mendelssohns Musik zu verdrängen.

Um nach dem Krieg einem Berufsverbot zu entgehen behauptete Orff, er habe zusammen mit dem Münchner Musikwissenschaftler Kurt Huber die „Weiße Rose“ gegründet. Er sei nach dessen Verhaftung und Hinrichtung in die Berge geflüchtet und erst nach München zurückgekehrt, als die Gefahr vorüber war.

Daraufhin wurde er von den Amerikanern in die Kategorie „gray-acceptable“ eingestuft. Er konnte wieder arbeiten und seine Werke konnten aufgeführt werden.

Zwar war Orff tatsächlich mit Huber befreundet. Aber er hat weder die „Weiße Rose“ mitgegründet, noch war er jemals Mitglied.

O Fortuna

aus: Carmina Burana von Carl Orff

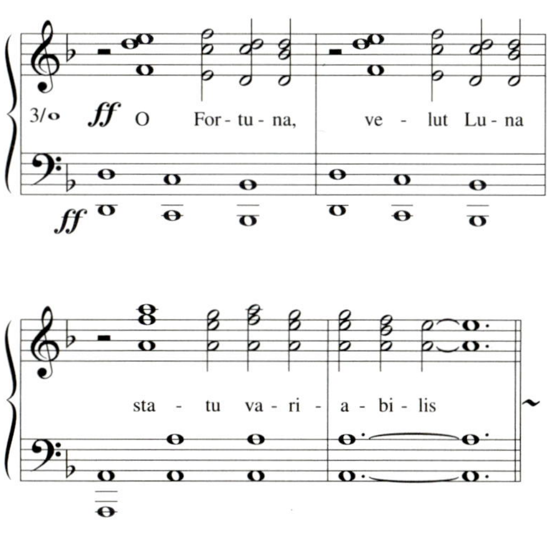

Carl Orff

** München 10.7.1895. † ebd. 29.3.1982; studierte in München bei A. Beer-Walbrunn und H. Zilcher, war 1915-17 Kapellmeister an den Münchner Kammerspielen, 1918-19 in Mannheim und Darmstadt, kehrte 1920 nach München zurück, studierte 1921-22 bei H. Kaminski und gründete 1924 mit Dorothee Günther eine Schule für Gymnastik, Tanz und Musik, die „Güntherschule“, die eine neuartige Verbindung von Musik und Bewegung zum Ziel hatte.*
O. entwickelte mit dem Klavierbauer K. Maendler zusammen das heute nach ihm benannte „O.-Instrumentarium“ zur Realisierung seiner 1930-35 in der Erstfassung des „Schulwerks“ niedergelegten musikpädagog. Gedanken. 1930-33 war er Dirigent des Münchner Bachvereins, 1950-60 Leiter einer Meisterklasse für Komposition der Münchner Musikhochschule. 1961 übernahm er die Gesamtleitung des im gleichen Jahr gegründeten „Orff-Instituts“ am Mozarteum Salzburg (...)

(Brockhaus, 1991)

✔ Welche Aspekte von Orffs Stil (Melodik, Rhythmus, Tonalität, Form), des Inhalts seiner Werke und der Aufführungspraxis harmonierten – sicher eher zufällig – mit der nationalsozialistischen Musikästhetik? Welche Aspekte wurden wohl eher abgelehnt? Hören und untersuchen Sie daraufhin Beispiele aus der Carmina Burana.
Warum wurde und wird Orffs Musik und da gerade „O Fortuna“ in der Werbung (Nestlé), in der Film- (Exalibur) und in der Popmusik – Michael Jackson benützte es vor einigen Jahren zur Eröffnung seiner Konzerte, Henry Maske als Background für seinen Einzug in den Boxring, es gibt eine ganze Reihe von „Coverversionen“ – so häufig eingesetzt?

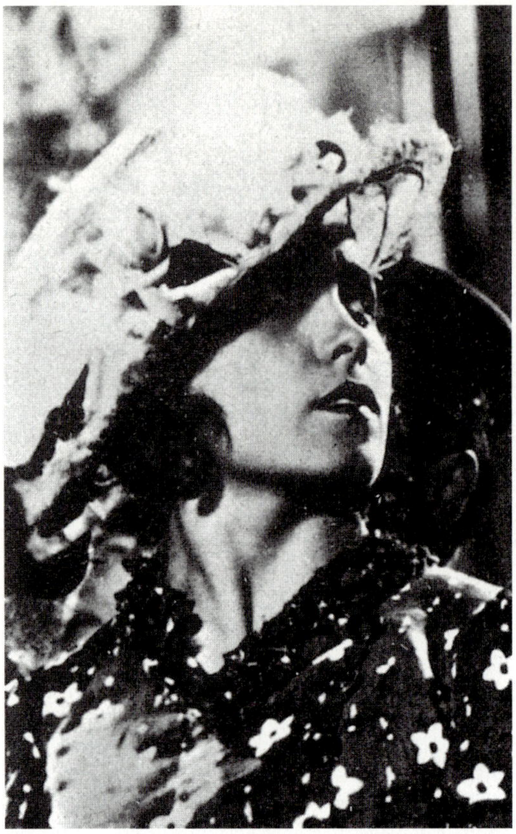

42.1 Carola Neher, Szenenfoto aus dem Film „Die Dreigroschenoper", 1931

Bert Brecht erfuhr im Mai 1937 in Dänemark, dass Carola Neher verhaftet worden war. Er bat Lion Feuchtwanger, der sich in Moskau aufhielt, zu helfen:

Können Sie etwas für die Neher tun, die in M(oskau) einsitzen soll, ich weiß nicht weswegen, aber ich halte sie nicht gerade für eine den Bestand der Union (UdSSR) entscheidend gefährdende Person. (...) Immerhin ist sie kein wertloser Mensch und ich weiß nicht, ob sie das drüben wissen, sie hatte keine Gelegenheit sich zu zeigen. (...)

Brief von Carola Neher an das Kinderheim in Orel, in dem ihr Sohn Georg Bekker aufwuchs:

Unterzeichnende ist die Mutter des deutschen Knaben Bekker, Georg Anatolowitsch, geboren 1934 in Moskau (...)
Da ich bereits eineinhalb Jahre nichts von meinem Sohn weiß, bitte ich Sie mir folgende Fragen zu beantworten: Wie entwickelt sich mein Sohn geistig und physisch? Wie steht es um seine Gesundheit? Weiß er etwas von seiner Mutter? Ist er musikalisch? Ich warte voller Ungeduld auf Ihre Antwort.
Gez. Carolina Neher, März 1941

✔ Schlagen Sie in Theaterlexika unter Carola Neher nach.

Carola Neher wurde am 2. November 1900 in München als Tochter eines Kapellmeisters geboren. Als Vierzehnjährige verließ sie die katholische Ordensschule, brannte zum Theater durch und hatte erste Auftritte und Engagements als Tänzerin, Sängerin und Schauspielerin in Baden-Baden (1920-22) und München (1922/23), wo ihr von Brecht und Feuchtwanger geholfen wurde. 1923/24 war sie in Nürnberg engagiert. Dort sah sie der Dichter Klabund (Alfred Henschke). Sie verliebten sich und heirateten 1924 in Breslau, wo Carola Neher bis 1926 am Theater spielte. In Berlin spielte sie danach Hauptrollen in Stücken von Klabund (Kreidekreis), Shaw (1928 die Eliza in Pygmalion) und Brecht.
In der „Dreigroschenoper" (1928) war sie für die Polly vorgesehen: *Für die Polly verpflichteten wir Carola Neher. Sie war die Idealbesetzung für die Rolle, eine Sumpfblüte unter dem Mond von Soho. Das flächige, regelmäßige Gesicht mit der Katzennase konnte ebenso lustig wie traurig sein. Sie war neben Lotte Lenya die beste Interpretin Brechtscher Texte und Songs von Weill.*

(Ernst Josef Aufricht, der Produzent der Dreigroschenoper, 1966)

Er war unsicher, ob sie die Rolle würde spielen können, da ihr Mann im Sterben lag. Nach seinem Tod am 14. August 1928 kam sie nach Berlin zur Probe, sagte aber ab und wurde bei der Uraufführung durch die Schauspielerin Roma Bahn ersetzt. In späteren Aufführungen (ab 12. Mai 1929) und im „Dreigroschenfilm" (1931) spielte und sang sie dann die Polly mit großem Erfolg. Danach spielte sie die Hauptrolle in „Happy End" von Dorothy Lane (d.i. Elisabeth Hauptmann) und Brecht schrieb für sie „Die Heilige Johanna der Schlachthöfe" (1929-1931, Rundfunkuraufführung am 11. April 1932). Im Herbst 1932 lernte Carola Neher den rumänien-deutschen kommunistischen Ingenieur Anatol Bekker kennen, mit dem sie im März 1933 nach Prag emigrierte. Dort heirateten sie und gingen Ende 1933 nach Moskau, wo im Oktober 1934 ihr Sohn Georg geboren wurde. *„Gegenüber dem Nationalsozialismus will ich mich auf den einzig wahren Weg nach Rußland vorbereiten"*, hatte sie Ende 1932 ihren Theaterkollegen gesagt. Die Versuche in Moskau ein deutsches Exiltheater aufzubauen scheiterten.
Im April 1936 wurde Anatol Bekker im Rahmen der stalinistischen Säuberungen als angeblicher trotzkistischer Agent verhaftet und 1937 als „Volksfeind" erschossen. Im Oktober 1936 wurde auch Carola Neher zu zehn Jahren Gefängnis verurteilt. Einzige Begründung: Sie war 1933 in Prag mehrfach mit Wollenberg, mit dem die Bekkers befreundet waren, zusammengetroffen. Den Sohn hatte die Emigrantenfamilie Taubenberger, ebenfalls mit Wollenberg befreundet, in Obhut genommen; nachdem Else Taubenberger verurteilt und nach Sibirien transportiert worden war, kam er in ein sowjetisches Kinderheim. Über ein Jahr verbrachte Carola Neher im berüchtigten Lubjanka-Gefängnis, wurde gefoltert und machte einen Selbstmordversuch. Daraufhin wurde sie ins Zuchthaus Kasan gebracht, kam aber – nach einem Typhusanfall – nach Abschluss des Hitler-Stalin-Paktes 1940 ins Butirka-Gefängnis nach Moskau. Dorthin kamen die Deutschen, die nach Nazi-Deutschland ausgeliefert werden sollten. Sie wurde dann allerdings nicht wie die meisten „politischen" deutschen Gefangenen vom NKWD der SS übergeben, sondern in das sowjetische Lager Sol-Ilezk gebracht, wo sie am 26. Juni 1942 starb.
Im Zuge der beginnenden Entstalinisierung wurde sie 1959 rehabilitiert. Erst 1968 erfuhr Georg Bekker, wer seine Eltern sind.

Bert Brecht: Das Waschen C.N. (1937)

Als ich dir vor Jahren zeigte
Wie du dich waschen solltest in der Frühe
Mit Eisstückchen im Wasser
Des kleinen kupfernen Kessels
Das Gesicht eintauchend, die Augen offen
Beim Abtrocknen mit dem rauen Tuch
Vom Blatt an der Wand die schweren Zeilen
Der Rolle lesend, sagte ich:
Das tust du für dich und tue es
Vorbildlich.

Jetzt höre ich, du sollst im Gefängnis sein.
Die Briefe, die ich für dich schrieb
Bleiben unbeantwortet. Die Freunde, die ich für dich anging
Schweigen. Ich kann nichts für dich tun. Wie
Mag dein Morgen sein. Wirst du noch etwas tun für dich?
Hoffnungsvoll und verantwortlich
Mit guten Bewegungen, vorbildlich?

Seeräuberjenny

Text: Bertolt Brecht/ Vertonung: Kurt Weill

28

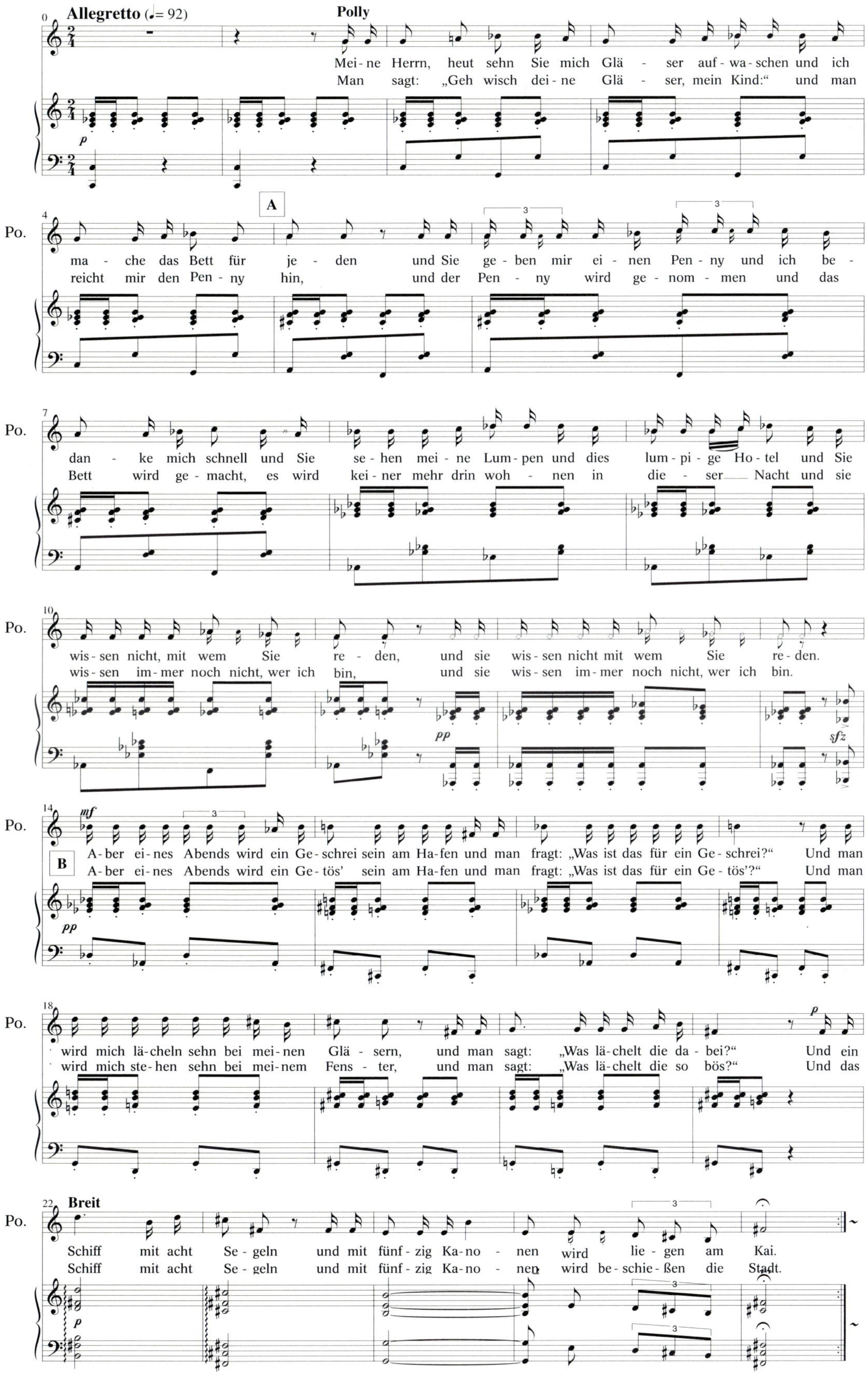

Kurt Weill (1900-1950), der Komponist der „Dreigroschenoper“, verließ am 21. März 1933 Deutschland.
Nazi-Trupps hatten bei der zweiten Aufführung des „Silbersee“ am 21.1.1934 in Magdeburg einen Skandal provoziert; die für das Arbeiterbildungsinstitut in Leipzig vorgesehene Aufführung des „Silbersees“ wurde abgesetzt. Bis 1945 gab es keine öffentliche Aufführung eines Weill-Werkes in Deutschland.
Über Kurt Weill heißt es im „Lexikon der Juden in der Musik“ (1935), zusammengestellt im Auftrag der Reichsleitung der NSDAP, unter anderem:

Der Name dieses Komponisten ist untrennbar mit der schlimmsten Zersetzung unserer Kunst verbunden. In Weills Bühnenwerken zeigt sich ganz unverblümt und hemmungslos die jüdisch-anarchistische Tendenz.

In der Dreigroschenoper spiegelt sich die Fratze des heutigen, mit voller Fahrt ins Chaos des Bolschewismus rasenden Deutschlands.

MiZ, III/34

✔ Interpretieren Sie den Text des Songs „Seeräuberjenny“.
Analysieren Sie Weills Komposition. Wie setzt er Brechts Gedicht musikalisch um?
Worin unterscheiden sich Strophe und Refrain?
Vergleichen Sie die Aufnahme mit Carola Neher mit einer zeitgenössischen.

44.1 Erwin Schulhoff, porträtiert von Conrad Felixmüller, 1924 Holzschnitt

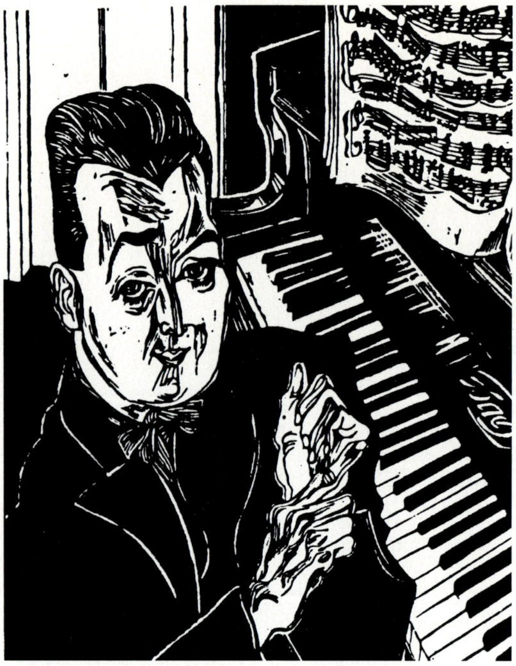

29

Erwin Schulhoff wurde am 8.6.1894 in Prag geboren. Sein Vater war ein Prager Geschäftsmann, seine Mutter stammte aus Frankfurt am Main. Schon mit acht Jahren war er Klavierschüler am Prager Konservatorium, von 1904 bis 1908 studierte er in Wien, 1908 bis 1910 in Leipzig und 1910 bis 1914 in Köln Musik. Im Ersten Weltkrieg war er an der russischen und italienischen Front; nach dem Krieg gab er Konzerte. In Dresden (ab 1919) bekam er Kontakt zu dadaistischen Künstlern.
1919 komponierte er die George Grosz gewidmeten „Fünf Pittoresken“ für Klavier (Hörbeispiel 29), deren 3. Satz nur aus Pausen besteht (s. S. 5). Wahrscheinlich hörte er im Berliner Atelier von Grosz, der eine beachtliche Sammlung amerikanischer Schallplatten besaß, zum ersten Mal Jazz. Mit dieser vitalen, exotischen und extravaganten Musik konnte er sich sofort identifizieren. Sie war für ihn Symbol eines von Konventionen und Vorurteilen freien neuen Lebensstils. Dass dem damaligen Jazz der zur dadaistischen Provokation nötige Biss doch eher fehlte, sah Schulhoff später ein.
1920 war Schulhoff ein Jahr lang als Lehrer am Konservatorium in Saarbrücken. Mitte 1921 ging er nach Berlin, wo er u. a. „Die Wolkenpumpe“, ein Stück für Rezitator, vier Blasinstrumente und Schlagzeuge „nach Worten des heiligen Geistes Hans Arp“, ein jazzinspiriertes Klavierkonzert und ein Ballettmysterium „Ogelala“ nach einem altmexikanischen Stoff komponierte.
1923 zog er mit Frau und Sohn nach Prag, wo er als Pianist (der auch Jazz spielte) und als Komponist arbeitete. Nach mehr als zehn Jahren experimentierfreudiger und insbesondere in Avantgardekreisen erfolgreicher kompositorischer Arbeit trat zu Beginn der Dreißigerjahre ein radikaler Stilwandel ein. Schulhoff hatte schon nach dem Ersten Weltkrieg mit den Spartakisten sympathisiert. Ab 1931 wuchs sein Interesse an „proletarischer“ und marxistischer Literatur. Er wurde Mitglied der „Leva fronta“ (Linke Front) und arbeitete in kulturpolitischen Organisationen mit, die unter der Führung der Kommunistischen Partei der Tschechoslowakei standen. Nach einem Besuch in Moskau in Mai 1933, der ihn tief beeindruckte, bekannte er sich vorbehaltlos zum Sozialistischen Realismus. 1931 hatte er beschlossen das Kommunistische Manifest von Karl Marx zu vertonen, beeinflusst wohl auch durch die „politischen“ Kompositionen von Weill, Eisler und Hindemith. Er arbeitete an der Komposition bis zum Frühjahr 1933 und widmete sie dem 50. Todestag von Karl Marx. Nach der Okkupation der Tschechoslowakei 1939 wollte Schulhoff in den Westen (Frankreich, England oder USA) emigrieren. Diese Pläne scheiterten. Nachdem Stalin mit Hitler am 23. August 1939 einen Nichtangriffspakt geschlossen hatte, beantragte er die sowjetische Staatsbürgerschaft, weil er hoffte so vor den Protektoratsbehörden von Böhmen-Mähren und den NS-Rassengesetzen geschützt zu sein. Am 3. Mai 1940 erhielt er die sowjetische Staatsbürgerschaft und verlangte, nachdem seine Familie die Visa für die Sowjetunion bekommen hatte, beim Magistrat der Hauptstadt Prag die „Freilassung aus der Protektoratsangehörigkeit Böhmen-Mähren“. Hitlers Einmarsch in die Sowjetunion machte alle Pläne zunichte. Schulhoff wurde als sowjetischer Staatsbürger in Prag interniert. Ende 1941 wurde er in die Festung Wülzburg oberhalb von Weißenburg in Bayern deportiert. Obwohl er durch den stellvertretenden Lagerkommandanten, der ihn schätzte, von der Arbeit befreit war, verschlechterte sich sein Gesundheitszustand zusehends. Am 28. August 1942 starb er an einer Hals- und Lungentuberkulose.

Schulhoff gehört zu den vielseitigsten Komponisten seiner Zeit in Europa. Ähnlich wie bei Schönberg knüpfen seine Frühwerke zunächst an stilistische Elemente der deutschen Spätromantik (Richard Strauss) an, lassen sich dann aber nicht mehr, hierin eher Strawinsky ähnlich, auf eine Schule oder Richtung festlegen. Begünstigt durch sein auffallendes Improvisationstalent entwickelte er eine besondere Affinität zum Jazz, daneben finden sich aber auch expressionistische, folkloristische und neoklassizistische Elemente. Von den Nationalsozialisten wurde Schulhoff gleichermaßen als Jude, Avantgardist und als Kommunist verfolgt.
(Beate Schröder-Nauenburg 1993)

Ich bin in dieser veränderung vollkommen stabil und bleibe es durchaus. Das beweist meine arbeit und mein weg, den ich seit 1931 gehe. Ich weiss es, dass dieser weg durchaus richtig ist (...)
Ich schreibe heute keine noten mehr wie vorher, keine zeitgenössische musik der internationalen schablone wie einst, keine formalistischen spielereien oder klangtändeleien. Meine musik ist nicht versonnen, sie enthält keine dekadenten lyrismen und hysterischen ausbrüche. Sie ist hart geworden, unerbittlich und kompromisslos!
Erwin Schulhoff: Tagebuch, 10.3.1941

John Cage hat 1952 sein Stück „4'33“ geschrieben. Auf Seite 1 dieser Komposition steht:
NOTE: THE TITLE OF THIS WORK IS THE TOTAL LENGTH IN MINUTES AND SECONDS OF ITS PERFORMANCE. AT WOODSTOCK, N.Y., AUGUST 29. 1952, THE TITLE WAS 4'33" AND THE THREE PARTS WERE 33", 2'40", AND 1'20". IT WAS PERFORMED BY DAVID TUDOR, PIANIST, WHO INDICATED THE BEGINNINGS OF PARTS BY CLOSING, THE ENDING BY OPENING THE KEYBORD LID ...
Seite 2 enthält die Sätze:
I TACET, II TACET, III TACET

✔ Vergleichen Sie Schulhoffs „In futurum“ (S. 5) mit John Cages „4'33“. Was beabsichtigen Schulhoff und Cage mit diesen Kompositionen?
Spielen Sie Cages „4'33“ Ihren Mitschülerinnen und Mitschülern vor.
Versuchen Sie eine ähnliche „Komposition“ wie „In futurum“.

Blues
aus: Esquisses de Jazz (Sechs kleine Klavierstücke)
von Erwin Schulhoff

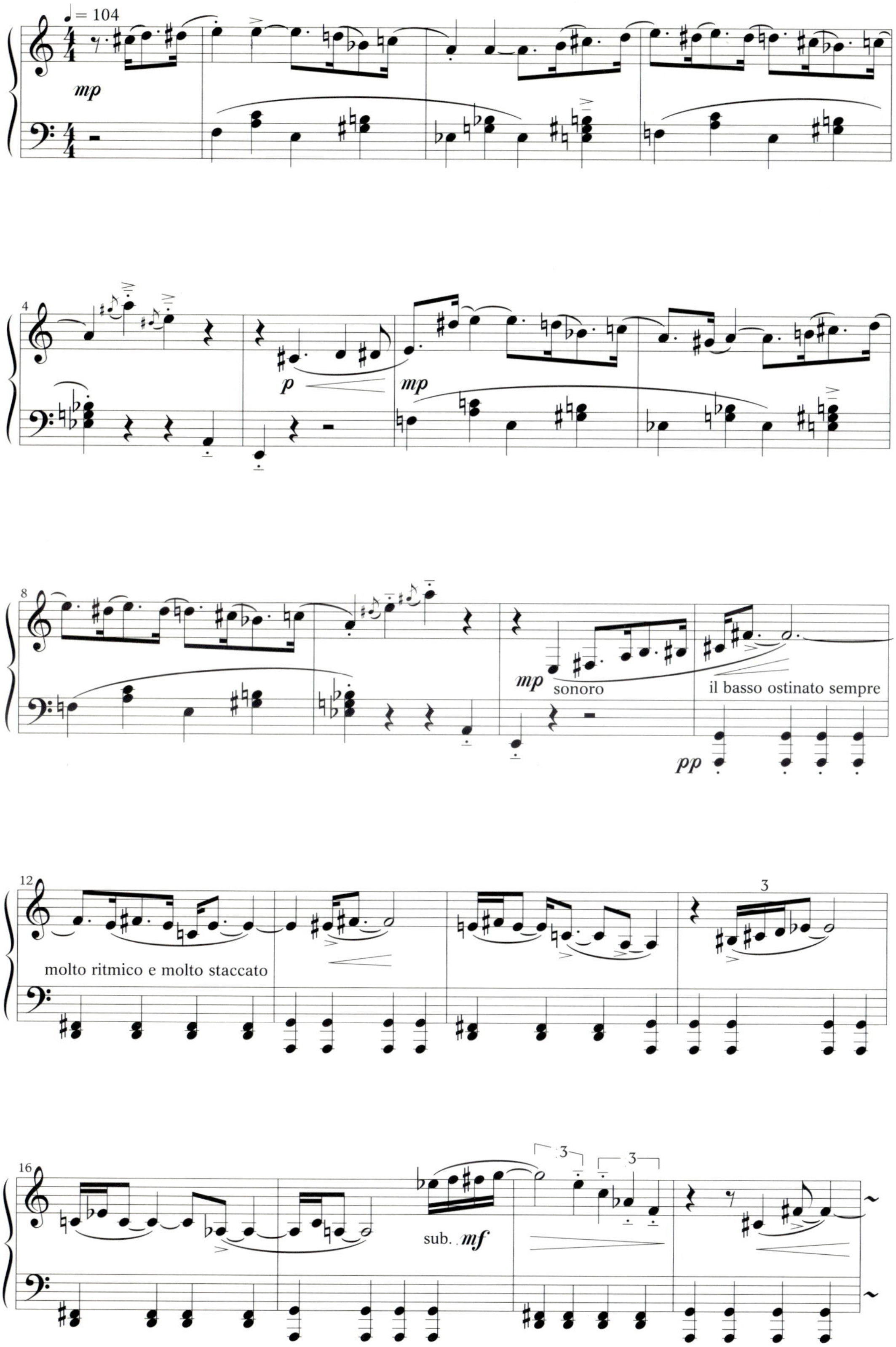

✔ Analysieren Sie Melodiebildung (Skala/ Tonart), Harmonik, Begleitschema, Rhythmus. Was unterscheidet Schulhoffs Komposition von einem „echten" Blues?

DADA war eine künstlerische Bewegung gegen tradierte Normen und Werte, gegen Kunst und Gesellschaft. DADAist sein hieß sich selbst und alles infrage zu stellen, alles ironisieren und negieren.
Schulhoff wollte gegen die traditionelle Kunst, die Kunst im „emphatischen Sinne", die „Scharlatanerei und Lüge" sei, eine Antikunst setzen. In der dadaistischen Collagetechnik mit ihrer „Addition aller Dinge", „mittels aufgeklebter Briefmarken, Zeitungen, Postkarten etc. etc.", die dem Unsinn Sinn gaben, sah er das bereits verwirklicht. (Vgl. S. 4/5). Eine ähnliche Wirkung erhoffte er sich für die Musik durch die Übernahme von Stilmerkmalen der Jazz- und Unterhaltungsmusik seiner Zeit. Die 1919 komponierten „Fünf Pittoresken" (Hörbeispiel 29) und die „Esquisses de Jazz" sind dafür Beispiele.

1
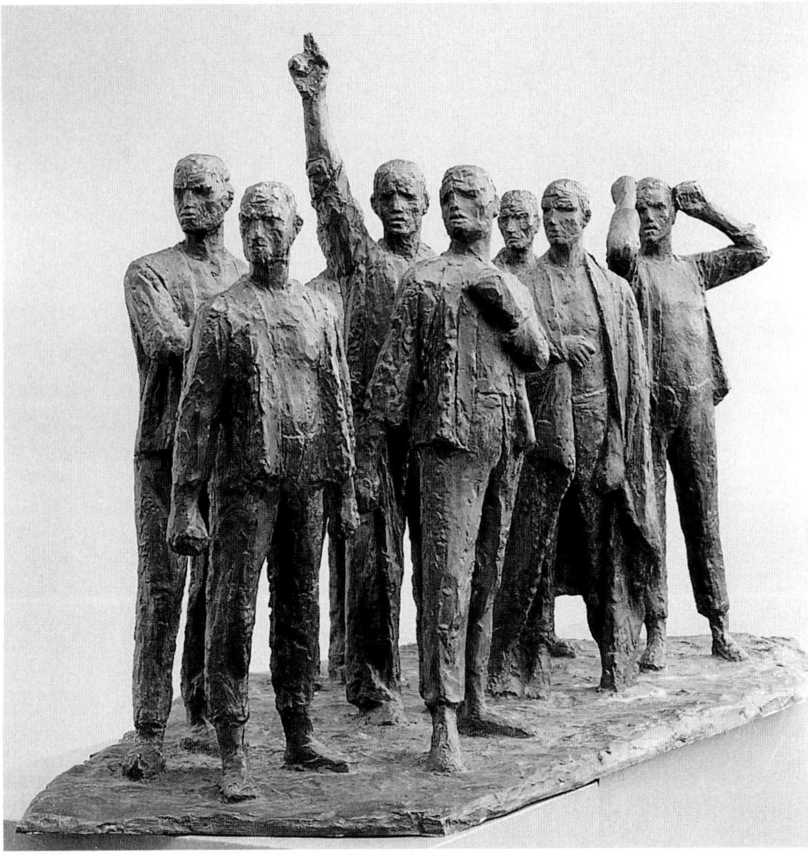

46.1 Fritz Cremer:
1. Entwurf für das Buchenwald-Denkmal, 1952
Bronze. Staatliche Museen zu Berlin – Preußischer Kulturbesitz, Nationalgalerie

Fritz Cremer
(1906 – 1993)
1922-28 Bildhauerstudium in Essen; 1929-34 Berlin-Charlottenburg; 1938-1940 Meisteratelier an der Preußischen Akademie der Künste, Berlin; 1940-46 Militärdienst und Kriegsgefangenschaft; 1946-50 Professor an der Akademie für angew. Kunst, Wien; Übersiedelung nach Berlin, DDR, Professor an der „Dt. Akademie der Künste", Berlin. Denkmalsplastiken für ehemalige Konzentrationslager. Schulbildend für die plastische Kunst der DDR. Verarbeitet Anregungen von Kollwitz, Barlach und Rodin.

46.2 Gedenkstätte Buchenwald, 1958 (Luftbild)

2
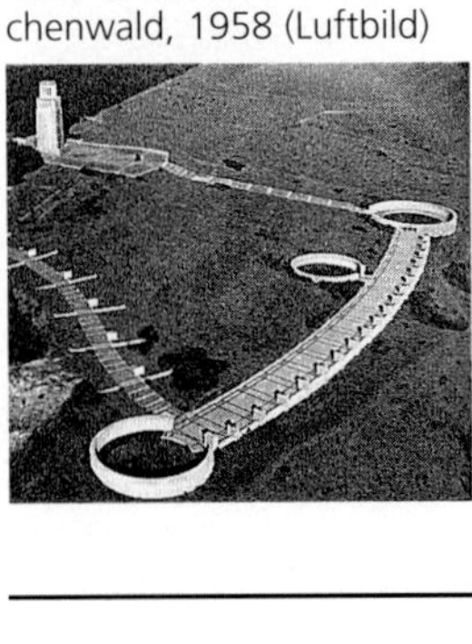

Die Fürsprecher des Hässlichen in der Malerei suchen zuweilen Käthe Kollwitz als ihre Vorläuferin und als Stammmutter der proletarischen Kunst in Deutschland darzustellen. Aber einerseits klafft zwischen den Werken von Käthe Kollwitz und den kunstfeindlichen Klecksereien ihrer Epigonen im heutigen Deutschland ein ungeheurer Abgrund (...) Andererseits war Käthe Kollwitz niemals die Stammmutter einer proletarischen Kunst in Deutschland. Käthe Kollwitz sah in den Arbeitern und in den Werktätigen überhaupt nur den *leidenden* Teil des Volkes (...) Die Arbeiterklasse ist indessen, was heute sogar jeder Schuljunge weiß, bei weitem nicht nur eine leidende und glücklose Klasse. Die Arbeiterklasse führt und leitet alle Werktätigen im Kampf um die Befreiung der Gesellschaft von den Fesseln des Imperialismus. (...) Käthe Kollwitz hat das nicht verstanden. (...)
Tägliche Rundschau, 20.1.1951

Kritik zur Barlach-Ausstellung, Berlin:
Aber die neuerliche Betrachtung seines Werkes zeigt doch so deutlich wie noch nie, dass Barlach ein auf verlorenem Posten stehender, in seinem Grundzug rückwärts gewandter Künstler war. Barlach hatte keine Vorstellung, wie das menschliche Leid überwunden werden kann, und daher ist er nicht in die Tiefe der Seele des unterdrückten Menschen gedrungen. Seine Geschöpfe sind eine graue, passive, verzweifelte, in tierischer Dumpfheit dahinvegetierende Masse, in denen auch nicht der Funke eines starken, lebendigen Gefühls des Widerstands zu spüren ist. (...) Barlachs Werk enthält nichts Zukunftsweisendes. Deshalb kann er für uns nicht als Lehrmeister gelten. Neues Deutschland, 4.1.1952

Unsere Plastiker (z. B. Peter Goettsche und Prof. Cremer) haben das Unwesentliche, die äußere Erscheinung, die Lumpenbekleidung, die kurz geschorenen Haare, die verzerrten Züge Sterbender und Hungernder zum Wesentlichen gemacht und sind infolgedessen – in den ideenlosen Sumpf des schamhaft mit hysterisch-expressionistischen Zügen verdeckten Naturalismus geraten. (...) Sie haben nur die Leiden gesehen – hier zeigt sich die Schädlichkeit des Barlachschen „Vorbilds" – sie haben das Entscheidende nicht gesehen: den Kampf, den Sieg. Neues Deutschland: Die Entwürfe zum Buchenwald-Denkmal, 2.7.1952

Wir brauchen auf dem Gebiet der Kultur und Kunst offenere und differenziertere Verhaltensweisen im praktischen und theoretischen Bereich. Und wir brauchen keine Verhaltensweisen, die jeder kleinsten Regung von irgendetwas Neuem, Unbekanntem mit politischen Verdächtigungen begegnen. (...) Wir brauchen die Abschaffung der schlagwortartigen Anwendung der Worte und Begriffe wie Abstraktionismus, Formalismus, Dekadenz, Meisterschaft, Schönheit usw. (...) Wir brauchen eine Kunst, die die Menschen zum Denken veranlasst, und wir brauchen keine Kunst, die ihnen das Denken abnimmt (...)
Fritz Cremer auf dem V. Kongress des Verbands Bildender Künstler Deutschlands am 24.3.1964

Während sich die Deutschen nun darum bemühen, zu einer gemeinsamen Identität zusammenzufinden, treten tief reichende Konflikte über ihre Geschichte zutage. Nirgendwo sind die Schwierigkeiten dramatischer spürbar als in Buchenwald, wo die kommunistische Regierung der DDR aus der Massenvernichtungsstätte eine Weihestätte des Antifaschismus gemacht hatte. Für die Bürger der ehemaligen DDR stellten sich die KZ-Gedenkstätten mithin wie Ableger der kommunistischen Rhetorik dar, die Schulbücher, Politikerreden, Filme und Romane durchzog. Alle Opfer wurden als „antifaschistische Widerstandskämpfer" gerühmt, wodurch Juden, religiös Andersdenkende und „unerwünschte" Volksgruppen aus dem öffentlichen Gedächtnis getilgt wurden. Der Staat stellte jede Verbindung zur Nazi-Vergangenheit in Abrede und hat den jüdischen Opfern niemals Entschädigung angeboten, zumindest nicht bis zur kurzlebigen Regierung Modrow Anfang 1990. (...) Oben auf dem (...) Hügel befindet sich eine regelrechte Kultstätte des Antifaschismus mitsamt Glockenturm, breiten Prozessionsgängen, ruhigen Plätzen zum Nachdenken, imposanten Skulpturen und Gedenkzeichen für heldenhafte Märtyrer. (...) Unmittelbar vor dem Glockenturm steht eine Gruppe von elf Bronzefiguren von Fritz Cremer, „Revolte der Gefangenen". (...) (mir drängte sich) die gespenstische Affinität dieser hier herrschenden Überdimensionalität mit jener von Albert Speers Entwürfen für das nationalsozialistische Berlin auf. Was würde aus den riesigen Mengen von Beton und Granit an dieser Kultstätte werden? Würden sie als deplatziert platt gewalzt oder zur Erinnerung an den Antifaschismus der DDR erhalten werden?
Claudia Koons 1993

Aus Interpretationen von 1973

Die Alternative lautet natürlich nicht „konkret" – „abstrakt", sondern „konventionell" – „eigenwillig". Das konventionelle Porträt erfüllt kaum noch einen Auftrag. Die farbige Fototechnik schafft das ähnlichere, „sprechendere" Konterfei. Abgepinselt wird man nur noch wegen Repräsentationsklimbim. Worauf Georg Meistermann beharrte, war die eigenwillige Auseinandersetzung mit dem Objekt Willy Brandt. Wenn da einer zum Künstler geht und den Eindruck kennen lernen will, den er auf das andere Objekt, das hier im Spiel ist, den Maler, macht, dann muss er sich schon gefallen lassen, dass er als Objekt – wörtlich: etwas, das einem entgegengeworfen wird – gestaltet wird. Der Maler ist eben gerade das nicht, was das Foto ist, Produkt einer Verdoppelungsmaschine. (...) Denn bei allem Eigenwillen darf das Malprodukt nicht den Kontakt zu der realen Vielfalt von Eigenschaften und Eigentümlichkeiten verlieren, die diesen Menschen ausmachen. Der Maler übersetzt dabei in seine Sprache. Es geht um Übersetzung und nicht, wie der unvorbereitete Betrachter meinen könnte, um deformierende Willkür.
(...) Meistermann arbeitete drei Jahre am Bild und seinen Vorstudien. Sollte der Betrachter wenigstens ein Jahr hin und wieder ein nachdenkliches Auge auf das Bild werfen, bevor er mit Urteilen auftrumpft.

Alexander Mitscherlich (Direktor des Sigmund-Freud-Instituts, Frankfurt)

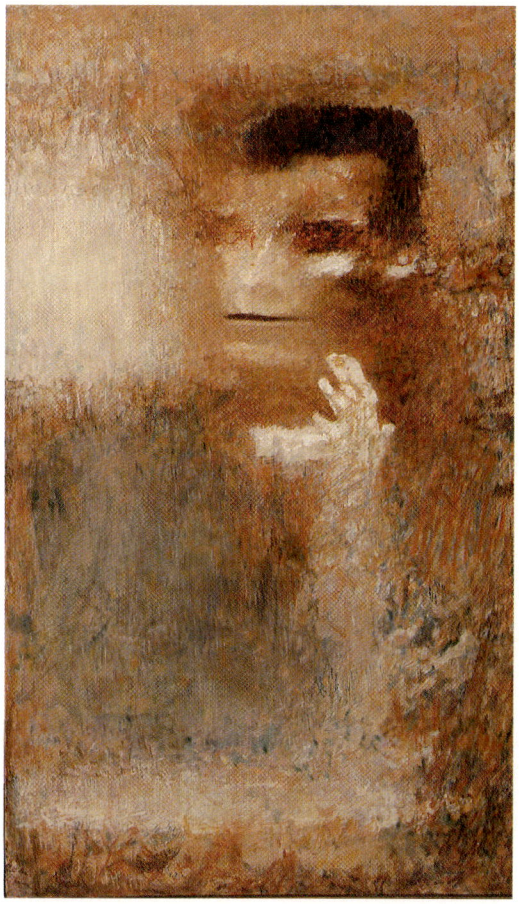

47.1 Georg Meistermann: Willy Brandt – Farbige Notizen zur Biografie des Bundeskanzlers von 1969-1973
1973
Friedrich-Ebert-Stiftung, Bonn

Georg Meistermann
(1911-1990)
1929-33 Studium an der Düsseldorfer Akademie, 1953 Professur Städelsche Kunstschule Frankfurt, 1955 Akademie Düsseldorf. Bedeutender Vertreter der abstrakten Malerei nach 1945, Glasmalerei, Kunst am Bau, z. B. Wandbild in Maria Regina Martyrum, Berlin-Charlottenburg, Gedächtniskirche zu Ehren der Blutzeugen für Glaubens- und Gewissensfreiheit in den Jahren 1933-1945.

(...) Ich bin als Politiker, als Vorsitzender der größten Oppositionspartei, zu diesem Porträt gefragt. Wenn ich die Abstraktion und die Akzentuierung, die Georg Meistermann in diesem Porträt deutlich macht, mit meiner Auffassung von Willy Brandt vergleiche, dann ist in der Tat richtig, dass der Porträtierte am meisten durch Worte zur Geltung kommt. Auf eine kurze Formel gebracht: ich würde mir nicht ein profilierteres Porträt von Willy Brandt wünschen, das ist Sache der Künstler, sondern einen anderen, kraftvolleren Bundeskanzler.

Helmut Kohl (Ministerpräsident von Rheinland-Pfalz, Vorsitzender der CDU)

(...) „Materialisiert" – das ist für das im Bildnis Brandt verwandte Malverfahren das richtige Wort. Es meint nicht nur das langsame Hervortreten einer gegenständlichen Vision aus den evokativen Farbgründen, es meint auch – vom Verhältnis des Malers zum Dargestellten her gesehen – das Auftauchen einer erst im Akt des Malens anschaulich werdenden Erkenntnis. Aus feinem Gestrichel bilden sich dämmernde Farbzonen, die jeweils zum Viereck tendieren und mit dieser verschleierten geometrischen Grundform ein empfindliches Gleichgewicht auf der Fläche herstellen. Aus diesem eingestimmten bildträchtigen Grund hebt sich in einer Art von langsamem Erkennen das Bildnis hervor. (...) Dass es kein Repräsentationsbild ist, sieht ein jeder. (...) Was (...) entstand, ist ein psychographisches „Innenbild" eines zeitgenössischen politisch repräsentativen Menschen, (...)

Werner Haftmann (Direktor der Nationalgalerie Berlin)

(...) Die Aufgabe, den Bundeskanzler Brandt zu malen, hat mich also verständlicherweise fasziniert. Dazu kam, dass es kaum zehn Fotos von ihm gibt, die sich gleichen. Immer erscheint er anders als das Bild, das man von ihm hat. Wenn die Konturen seiner Person so variabel sind, müsste also die Farbe mehr hergeben als nur dekoratives Milieu. Aber welches Milieu hat ein Demokrat? In welcher Umwelt steht er? Gibt es z. B. noch Würde der Person?
(...) Ich war mir in keiner Weise klar, wie ein Porträt von Brandt (...) auszuführen sei. (...) Eine äußerst komplexe Persönlichkeit mit sehr bewusst erlebter eigener Biografie und der seiner Zeit (...). Technischer Fortschritt, politische Ideologien und neue Machtkonstellationen – bei seltener Besorgtheit um die Probleme und Fragen menschlichen Lebens – bilden wie ein Chaos das Milieu, dem alte Ordnungen nicht mehr beizukommen vermögen: Fragen, die ich als Maler mit Farben anzugehen hatte, deren Fülle eine Art Ur-Schlamm liefert.
Aus solchen Farbablagerungen ordneten sich mühsam, unvorhergesehen und immer wieder anders, Strukturen einer persönlichen Erscheinung, die der Konturen nicht mehr bedarf, die der Grenzen überdrüssig ist, die unter der Last der Vorstellungen und der Diskrepanz des Erreichbaren mühselig neue Wege sucht. So sollte auch zu sehen sein, dass dieser Mann eines Tages in die Knie sank, von mehr Barmherzigkeit und Frieden spricht; es sind „farbige Notizen zur Biografie des Bundeskanzlers von 1969-1973".

Georg Meistermann (Kunstmaler)

Als Maler der ersten Stunde zu reüssieren, reichte Meistermann nicht. „Ich habe mich politisch engagiert, weil mit dem Ende des Dritten Reiches die Nazis ja nicht verschwunden waren." Als Theodor Heuss 1949 die „Notgemeinschaft der Deutschen Kunst" gründete, sorgte Meistermann dafür, dass nicht ausgerechnet prominente Künstler der Hitlerzeit berücksichtigt wurden: „Hofer, Schmidt-Rottluff, Käthe Kollwitz – die mussten rehabilitiert werden!" Meistermann, streitbarer Moralist der deutschen Nachkriegskunst, lehnte 1967 seine Berufung an die Münchner Kunstakademie ab, weil dort immer noch der Maler Hermann Kaspar amtierte: „Der hatte Hitlers Reichskanzlei ausgestattet, den Fackelzug zur Einweihung des Hauses der Deutschen Kunst organisiert, als Beauftragter bei der „Entarteten Kunst" mitgespielt."
Nie wieder sollte die Intoleranz gegenüber der Moderne zu einer Kunstdiktatur eskalieren.

(Peter Sager 1987)

Bildnachweis

Umschlaggrundmotiv: Imperial War Museum, London
4.4: bpk Berlin; 5.2: AKG Berlin; 5.3: Stadtarchiv München; 6.1: bpk Berlin; 7.1: Archiv Albert Speer, Heidelberg; 7.3: aus: Roststock, J./Zadnicek, F.: Paradiesruinen, CH. Links Verlag, Berlin 1992; 7.4: aus Reichardt, H.-J./Schäche,W.: Von Berlin nach Germania, Transit Verlag, Berlin 1985; 8.1, 8.3: Archiv Albert Speer, Heidelberg, 8.2: aus Schorer, G.: Dt. Kunstbetrachtung, Dt. Kunstverlag, München 1942; 9.1: Archiv Albert Speer, Heidelberg; 9.2: aus Das Orgelwerk für die Kongreßhalle der Reichsparteitage, Nürnberg o. J.; 10.2: AKG Berlin; 10.3: Bildarchiv Foto Marburg; 11.1: Völkischer Beobachter, 1937; 11.2: aus Stock, R.W.: R. Wagner und die Stadt der Meistersinger, Nürnberg/Berlin 1938; 12.1: aus Speer, A.: Kunst im Dritten Reich, Berlin 1937; 12.2: AKG Berlin; 12.3: aus Dohme, W.: Die Kunst im Dritten Reich, München 1940; 13.1: aus: Kunst und Volk, 9/1937, S. 265; 15.1: aus: Das Reich, 11.8.1940; 16.1: Ullstein Bilderdienst Berlin; 17.1: Kölnisches Stadtmuseum; 17.2: Bundesarchiv Koblenz; 17.3: aus Ulmer Sturm Nr. 207, 5. 9.1936; 17.4: Bundesarchiv Koblenz; 18.1: Ausstellungsführer „Entartete Kunst“, 1937; 18.2: Dirk Reinartz, Buxtehude; 19.1 und 19.2: Ziegler, H. S.: Entartete Musik. Eine Abrechnung, Ausstellungsführer 1937; 19.3: Bundesarchiv Koblenz; 20.1: artothek/Bühler, Peissenberg, © VG Bild-Kunst, Bonn 1997; 20.2: Stiftung Seebüll Ada und Emil Nolde, Foto: artothek/Hinz, 20.4: artothek/Blauel, ©VG Bild-Kunst, Bonn 1997; 21.1: Köllnische Illustrierte Zeitung, 1935; 21.2: artothek/ Blauel; 22.1und 23.1: Ausstellungsführer „Entartete Kunst“, 1937; 24.1: artothek/Edelmann, ©VG Bild-Kunst, Bonn 1997; 24.2 und 25.1-3: Ziegler, a.a.O.; 26.1: Ziegler, a.a.O.; 28.1: artothek; 28.2: © 1997 Oskar Schlemmer, Archiv und Familien Nachlass, Badenweiler, Photoarchiv C. Raman Schlemmer, Oggebbio; 29.1: AKG Berlin, ©VG Bild-Kunst, Bonn 1997; 30.1: aus Schorer, G., a.a.O.; 30.2: Renate Rössing, Leipzig; 30.3 u. 4: Stadtmuseum Dresden; 31.1: Ulmer Sturm Nr. 207, 5.9.1936; 31.2: Fr.-Wilhelm Murnau-Stiftung, Wies-baden; 31.3: Stadtmuseum Dresden; 32.1: Bundesarchiv Koblenz; 33.1: aus: Ruhl, K.-J.: Brauner Alltag, Droste Verlag, Düsseldorf 1981; 33.2: Bundesarchiv Koblenz; 34.1: ©VG Bild-Kunst, Bonn 1997; 34.2: Plattencover: eastwest records, Hamburg; 36.1: artothek/Koch; © VG Bild-Kunst, Bonn 1997; 37.1: Barlach Ernst und Hans GBR, Lizenzverwaltung Ratzeburg; 38.1: Sammlung Felix Nussbaum der Niedersächs. Sparkassenstiftung im Kulturgeschicht-lichen Museum Osnabrück, Foto: Strenger/Grovermann, Osnabrück, © VG Bild-Kunst, Bonn 1997; 39.1: Dt. Historisches Museum Berlin, © VG Bild-Kunst, Bonn 1997; 40.2: Archiv der Stiftung Kinemathek, Berlin, 42.1: Ullstein Bilderdienst Berlin; 44.1: © VG Bild-Kunst, Bonn 1997; 46.1: bpk Berlin; © VG Bild-Kunst, Bonn 1997; 47.1: Archiv der sozialen Demokratie der Friedrich Ebert Stiftung, Bonn, © VG Bild-Kunst, Bonn 1997

Nicht in allen Fällen war es uns möglich, den uns bekannten Rechteinhaber ausfindig zu machen. Berechtigte Ansprüche werden selbstverständlich im Rahmen der üblichen Vereinbarungen abgegolten.

Literaturnachweis

Bartók, B. in: Helm, E.: Béla Bartók, Reinbek 1965
Bauer, J. in Dümling/Girth, a.a.O.
Bek, J.: Erwin Schulhoff, Hamburg 1994
Boberach, H.: Jugend unter Hitler, Düsseldorf 1982
Brecht, B.: Gesammelte Werke, Bd. 9, Frankfurt, 1967
Breyvogel W. (Hrsg.): Piraten, Swings und Junge Garde, Bonn 1991
Domin H.: Hier. Gedichte, Franfurt a. M. 1964
Dümling A./ Girth P. (Hrsg.): Entartete Musik. Eine kommentierte Rekonstruktion, Düsseldorf 1988
Dümling A.: Die verweigerte Heimat (Leon Jessel), Düsseldorf o. J. (1992)
Feistel-Rohmeder, B.: Dt. Kunstbericht 1927-1933, in: Merker, R.: Die bildenden ..., a.a.O.
Fineisen in Polster, B.: Swing HEIL ..., a.a.O.
Funkkolleg Musikgeschichte, Weinheim/Mainz 1988
Gamm H.-J.: Der braune Kult, Hamburg 1962
Haftmann, W. in: ZEITmagazin 40/28.9.1973
Harten, J./Schmidt, H. W./Syring, M.-L.: „Die Axt hat geblüht“. Europäische Konflikte der 30er Jahre in Erinnerung an die frühe Avantgarde, Ausstellungskatalog, Düsseldorf 1987
Jensen, W.: Musik und Volkstum, 1933
Kater, M. H.: Carl Orff im Dritten Reich, in: Vierteljahreshefte für Zeitgeschichte 1, 1995
Klemperer, V.: Ich will Zeugnis ablegen bis zum letzten, Bd. 1; Berlin 1995
Klönne A.: Jugend im Dritten Reich, München, 1995
Kollwitz, K. in Krahmer, C.: Käthe Kollwitz: Eine mutige Frau, Reinbek 1981
Koons, C.: Eine Gedenkstätte im Interessenkonflikt, in: Young, J. E.: Mahnmale des Holocaust, München 1993
Loewy E.: Literatur unterm Hakenkreuz, Frankfurt 1969
Lorenzen, R.: Als ich noch ein Tangojüngling war in: Kempowski, W.: Mein Lesebuch, Frankfurt 1980
Majewski, H.: Musikarbeit d. HJ im Kriege, in: Prieberg, a.a.O.
Mangelsdorff, A.: Opposition im Medium der Klänge. A. M. im Gespräch mit Bert Noglik, Leipzig 1993; aus Ritter, a.a.O.
Meidner, L. in Roters, E.: Apokalyptische Landschaften, München 1990
Meistermann, G. in: ZEITmagazin 40/28.9.1973
Merker, R.: Die bildenden Künste im Nationalsozialismus, Köln 1983
Mitscherlich, A. in ZEITmagazin 40/28.9.1973
Mosers Musiklexikon, Dritte völlig umgearb. Auflage, Internationale Musikverlage Hans Sikorski, Hamburg 1951
Müller, Th.: Ich war im Widerstand in: Löwenthal, R./Mühlen, P.: Widerstand und Verweigerung in Deutschland 1933-1945, Bonn 1984
Neue Gesellschaft für Bildende Kunst, NGBK und Staatliche Museeen zu Berlin/DDR Nationalgalerie: Das Schicksal einer Sammlung, Berlin 1988
Peukert D.: Die Edelweißpiraten, Köln 1988
Pfitzner H.: Gesammelte Schriften, Augsburg 1926
Polster B.: SwingHEIL, Jazz im Nationalsozialismus, Berlin 1989
Prieberg F. K.: Musik im NS-Staat, Frankfurt, 1982
Reichel, P.: Der schöne Schein des Dritten Reiches. Faszination und Gewalt des Faschismus, Frankfurt 1994
Riethmüller, A.: Zur Politik der unpolitischen Musik, in: Funkkolleg Musikgeschichte, a.a.O.
Rihm, W. in: Dümling/Girth a.a.O.
Ritter, F. (Hrsg.): Heinrich Himmler und der Swing, Leipzig 1994
Rosenberg, A.: Der Mythos des 20. Jhd., München 1933
Sager, P: Als Maler, in: ZEITmagazin 26/19.06.1987
Sahl, H.: Wir sind die Letzten. Neuwied/Berlin 1991
Schebera J.: Später Epitaph für Carola Neher, in: notate 1/90
Schorer, G.: Dt. Kunstbetrachtung, München 1942
Schröder-Nauenburg, B.: Komponisten als Opfer der Gewalt, Dokumentation an der Musikhochschule Stuttgart, o.J.
Schulhoff, E. in: Bek, J.: Erwin Schulhoff ..., a.a O.
Sonner, R. in: Die Musik, 5/1936
Sperr, M.: Das große Schlagerbuch, München 1978
Steinbach P./ Tuchel J. (Hrsg.): Widerstand gegen den Nationalsozialismus, Berlin 1994
Storjohann, U.: Hauptsache Überleben – Eine Jugend im Krieg, 1994
Storjohann, U.: Ohne Tritt im Lotterschritt, in: Die ZEIT, Nr.36, 1991
Trojahn, M. in :Dümling/Girth, a.a.O.
Weber H. (Hrsg.): Musik in der Emigration 1933-1945, Stuttgart 1994
Wulf J.: Musik im Dritten Reich, Frankfurt/Berlin/Wien 1983

Liedtexte S. 16

Die Nacht ... © Beboton-Verlag, Hamburg; Im Leben ... © by Ed. Turicaphon, für Deutschland: West-Ton-Verlag, Frankfurt/M.; Heimat, ... © Wiener Bohème Verlag, München; Es geht ... © Ed. Majestic Erwin Paesike, Berlin; Ich weiß ... © Ufaton-Verlagsges. m. b. H, München; Mit Musik ..., © Wiener Bohème Verlag, München